幼儿教师88个成功的教育细节

Help! For Teachers of Young Children:
88 Tips to Develop Children's Social Skills
and Creat Positive
Teacher-Family Relationships

（美）格温·斯奈德·科特曼◎著

李旭晴◎译

华东师范大学出版社
EAST CHINA NORMAL UNIVERSITY PRESS

Help! For Teachers of Young Children: 88 Tips to Develop Children's Social Skills and Create Positive Teacher-Family Relationships

By Gwen Snyder Kaltman

English language edition published by Corwin Press, a Sage Publications Company of Thousand Oaks, London, New Delhi, Singapore and Washington D. C., © 2006 by Corwin Press, Inc. Simplified Chinese translation copyright © 2009 by East China Normal University Press

英文原版由 Corwin Press, Inc., a Sage Publications Company 于 2006 年出版发行。

中文简体字版由 Sage Publications Ltd. 授权华东师范大学出版社有限公司独家翻译出版发行。

All rights reserved.

上海市版权局著作权合同登记　图字：09－2009－228 号

目 录

88 | 幼儿教师 88 个成功的教育细节 |
Help! For Teachers of Young Children |

目　录

序 言

　　澳大利亚土著人的文化是世界上现存的，并且从未间断的最古老的文化。但是那里的土著人没有创造自己的文字。在长达五万年的历史中，他们的文化都是靠年长的人以讲故事的形式传递给下一代的。讲故事不仅是一种休闲娱乐方式，更重要的是，它还可以教给人们各种风俗习惯，以及什么才是得体的言行。奥利（Wally）是当地国家公园的一名管理者。他曾告诉我，讲故事的长者为了能更好地把知识和道理解释清楚，常常会自己编一个故事，给故事中的坏人取名叫"Mimis"。沿袭了澳大利亚土著人的这一传统，我也喜欢讲故事给别人听，并且寓教于乐。我在这本书里写下这些故事目的就是要帮助老师和学生家长更好地理解幼儿，促使他们学会如何跟幼儿打交道，以及如何教导幼儿。

　　我衷心地希望你在看这本书的时候能对里面的故事产生浓厚的兴趣，以至于你迫不及待地想知道后面的故事讲了些什么而一直往下看。我还想给你提一个小小的建议：看完这本书以后，请不要只把它放在书架上就不理了。相反，请从中选出一个你比较感兴趣的话题，把这一章节重新读一读。在重读的过程中，请花点时间思考以下几个问题：我在实际的工作和生活中应该如何利用这些案例呢？我可以试着做哪些工作？我应该在哪些方面有所改进？我应该怎样灵活地应用这些道理来处理自己特殊的情况呢？

请将此书当成你的私人导师。为了让你能更好地利用此书，我在该书的末尾还附上了帮助策略：《创建自己的提高计划》。每年，你自身技能的提高、知识的增加以及阅历都会影响你从不同的角度来看待事物。衷心希望你能将该书中的各个章节视为一些微型会议，在执教期间经常参考此书。也许我的期望太高了，但是请千万别因此就打退堂鼓。相反，最好是让它们激励你朝着更高的目标奋斗。

虽然书中的内容来自我多年从事幼儿教育的亲身经历，但是我的建议和观点都是以许多心理学家、教育家关于儿童成长与学习的理论和研究为基础的，例如布鲁纳（Bruner）、杜威（Dewey）、埃尔金德（Elkind）、福禄贝尔（Froebel）、皮亚杰（Piaget）以及维果茨基（Vygotsky）等。本书中所提供的材料对家长和教师都有利用价值，毕竟，我们——家长与教师——属于同一战线上的人。

我不可能回答你将会提出的或将来所面临的所有问题，我所能做的只是向你提供一些这些年来指导我工作的原则：尽量给幼儿一定的自主权，让他们有时间和自由去探索一个丰富多彩、安全可靠的环境。要知道玩耍对于小孩来说并不是什么分散精力的坏事，相反，那是他们了解世界的一个重要途径。要理解并尊重孩子自身的兴趣爱好与能力发展水平。只要我们明察秋毫，他们就会给我们指明方向。

本书着重介绍如何培养幼儿的社交技能和建立积极有益的家—

园关系两个方面的内容。

本书中的每一章都以一小段导言开头，之后是一系列与主题相关的小故事。每个小故事的后面都附有名为"小贴士"的建议和请读者朋友自问的几个问题。而每一章的末尾都有一个小结——"不妨试试"，其中提供了不少供读者朋友们参考的建议。希望这些建议和想法能起到抛砖引玉的作用，激发你想出更多对主题有效的办法。

我们常常用"托儿所管理员"、"幼儿专家"、"学前教师"以及"托管老师"等术语来指称那些从事幼儿教育（或幼儿照看）的人。为了简洁明了，我在此书中将他们一律称为"教师（或老师）"。"育幼中心"和"学校（或幼儿园）"等名称在书中也交替出现，两者在这里并没什么区别。还有一点需要说明：为了避免"他"和"她"所造成的误解，我一律用"他"来指代幼儿——除非能确定是个小女孩。而对于幼教从业者，我偏向于用"她"来指代。这是因为这方面的工作者大多数都是女性。在此，我向那些在幼儿教育战线上尽心尽力，作出贡献的男性工作者们致以诚挚的歉意。

我的母亲曾教给我一条简单的人生哲理。她的话至今还萦绕在我耳畔："人不能只知道索取，还应该懂得回报。你要向那些需要帮助的人伸出援助之手。"在此，谨希望这本书能助你一臂之力。

第一辑 培养幼儿的社交能力

一、"咿呀，咿呀，咿呀"

——有效地与幼儿交流

有 时，我们会有一种错觉，认为我们的交流进行得很顺利。这样的想法会给我们的工作和人际关系，当然还有大人与小孩之间的关系带来严重的问题。

其实，和小孩的沟通与交流不仅仅需要言语。早在孩子们开始使用语言这一工具之前，他们就对声调和肢体语言非常熟悉了。一个会心的微笑或是一种舒缓的语调对他们来说都有着丰富的含义。

1

使用非言语交流方式

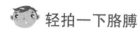 **轻拍一下胳膊**

　　一次，我坐飞机去奥兰多，旁边坐的是一个独自乘坐飞机的小男孩。他大约 8 岁——正是那种走哪儿都要戴顶棒球帽的年纪。我和他随便聊了两句，都是些通常会问的问题，诸如"你去哪儿"、"打算在那儿待多久"等等。接着，我准备看看杂志。他拿着自己那个掌上电子游戏机玩了几分钟后，又开始问我（这已经是他第三次提问了）"几点了？我们什么时候才能到啊"。于是，我索性提出带他玩一个游戏。身为教师的我提议玩拼写单词游戏。结果，我却觉得很头疼，因为他居然会把"green"这样的单词臆造成"greene"。他倒是玩得十分开心。我俩开开心心地玩了大约 15 分钟后，小家伙小心翼翼地伸出手来碰了碰我的胳膊。他这个动作对我来说意义非同一般。因为这不是出于他的好奇，而是想向我表达他的友好。

　　小贴士

　　对处于任何年龄段的人来说，身体的碰触和其他肢体语言都是交流的重要方式。我们可以不借助于语言就表达自己的赞成与肯定。面对婴儿，抱一抱，拍一拍，抑或是在他背上轻轻地抚摸都应该成为每天必做的事。若是面对稍大一点儿的幼儿，则可以试试以下的方法：

☆ 眨眨眼

☆ 相互击掌

☆ 轻轻捏一下肩部

☆ 轻轻拍一下头

☆ 点点头

☆ 竖大拇指

☆ 当然最好的就是：一个会心的微笑

问问自己

☆ 我有没有使用非言语交流方式呢？

☆ 我会不会用肢体语言来向小孩表达自己的赞赏与肯定态度呢？

「咿呀，咿呀，咿呀」

2
多与幼儿交谈

 ## 沉默并非是金

一天，天气异常炎热，气温高达 38℃。我坐在一条长凳上等公交车。不一会儿，一位母亲推着一辆婴儿车来到我身旁坐下。她朝我笑了笑，说了声"你好"。在接下来的 20 多分钟里，这位母亲一直在逗婴儿车里那个可爱的孩子：挠挠他的小脚丫，拍拍他的小手，用头顶顶孩子的小肚子……这些嬉笑玩闹的小动作都让孩子高兴不已。但是这些传达爱意的动作都没有配合语言，她从头到尾都没说一个字。当我临上车时，我真想对她说："既然你这么爱你的孩子，为什么不和他说说话呢？"

 ## 小贴士

我们应该经常和幼儿交谈。让小孩子听听别人说的话对他们的成长至关重要。

有一个现象令我十分不解：有的人非常愿意和小猫小狗说话，却似乎觉得和一个婴儿说说笑笑难为情。我也知道和一个婴儿或者初学走路的孩子交谈可能有点儿像对着一面墙自说自话，但是我们有必要通过一些途径让幼儿接触语言。至少，你可以和他说说自己正要做什么，就像一位播音员在解说一场棒球比赛那样："现在击球手站到了本垒上，他挥了几下球棒，身子保持半蹲，坚如磐石地立着。"而我们就可以对自己正要做的动作进行描述。比如，"我现在要挠埃文的小脚丫了"、"来，我们一起把你的双手合十"、"小心哦，我要顶你的小肚肚了哟"等等。只要你用心，许多日常琐事都可以作为你和幼儿交谈的内容。再比如，你可以说："我现在正从箱子里拿出一块干净的尿布，我要把原来那张臭臭的换下来，还要给你洗洗小屁屁，再换上这张干干净净的，上面还有漂亮的蓝色小星星呢。换了以后，你会觉得舒服多了。"

你也可以和幼儿说说自己的人生哲理和梦想，谈谈寒冷的天气或是你刚看过的一场电影的情节等。只要你说话的语气不至于吓到孩子，你说什么并不重要。就算你觉得没什么可说的，你也可以大声地朗读一本杂志或其他书籍，任何一种读物都行。就挑你觉得最简单的来说，但是不管怎么样，一定要说。

模仿幼儿牙牙学语，并由此确认他们发出的声音，也是一件重要的事情。

问问自己

☆ 除了在给孩子喂饭和换尿布时，我是否会整天都跟他说话和玩耍呢？

☆ 我有没有对孩子发出的声音做出回应呢？

3

蹲下并正视孩子的眼睛

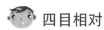 四目相对

我还记得有一次和一位个子非常非常高的先生相亲。当晚最初的气氛让人觉得很尴尬。哪怕是我踮起脚来，和他说话的机会都少得可怜。我记得当时的感觉就好像在很费力地和一个人的腋窝说话一样。直到后来，我们坐在餐桌旁吃比萨时，我才得以看清他的脸，才和他比较自在地聊天。

🌻 小贴士

幼儿能读懂你的表情。和他们说话时，尽量蹲下和他们的视线齐平，这样一来，你会感到自己是在和他们交流，而不仅仅是冲着他们说话。四目相对的交流要比四脚相向好得多。

我那天晚上相亲的对象当时正在参加美国职棒大联盟的选拔赛。他最后成功地被选入巴尔的摩金莺队。他身高约 1.93 米，体重约 105 公斤。而我还不到 1.53 米，至于我的体重嘛，那可是绝密了。

❓ 问问自己

☆ 当我和孩子们说话时，有没有蹲下来正视他们的双眼？

1
请用肯定的语句

 "行"一个字就能搞定

一天，一个小班的小朋友们（都只有两岁）正在操场上活动，所有的秋千都被占用了。当胡安妮塔提出想要荡秋千时，老师的回答是："不行。现在秋千上都有小朋友呢。我们得等到有人下来才行。"这原本是很符合逻辑的回答，但是还没等老师把话说完，胡安妮塔就一屁股坐到地上，又哭又嚷。见此情景，老师苦笑着说："要让两岁的孩子懂得分享，真难。"

小贴士

那些才两岁的孩子掌握的基本词语只有"行"、"不行"和"我的"。所以，和他们说话时，措辞一定要相当委婉。小孩只要一听到"不行"（表示要求被拒绝了），就不会再耐心地听老师的其他解释了。然而，要是先回答"行"，再说其他的，就会好办得多。比如"行，只要霍华德下来了，就轮到你了"，抑或"行，我们轮流玩，很快就该你了。要不你先去玩玩沙箱？轮到你的时候我会叫你的"。虽然说的是同一件事情，但是我们却用了肯定的语气，而不是否定的。这样的方法在和成人交流时也很管用。

问问自己

☆ 我是否在用肯定的语气和小孩说话？
☆ 我是否会尽量少用"不行"这个词？

"咿呀、咿呀、咿呀"

9

5

与其关注小孩所说的，不如关注他所做的

 "不"并非代表反对

两岁的詹姆斯在教室里转悠，老师对他说："詹姆斯，现在去洗手好吗？我们要吃点心了！"可是他却转过脸来对着老师，双手藏在身后，伸长了脖子，非常大声地回答："不！"但是说完又转身跑到水池边洗手去了。

小贴士

刚满两岁的孩子都喜欢说"不"，有时，哪怕他们的本意并不是要否定，他们使用的也恰恰就是这个字。只要你对这个字的反应不那么敏感，他很可能在刚说完"不"（因为说"不"能让他们有一定的满足感）之后就照着你的要求去做。在这种情况下，一个孩子所做的远比他所说的重要。

不要让幼儿回答"是"或"不"这样的问题，可以给他提供一些选择，比如"你是现在洗漱呢，还是等你把玩具都放好以后再洗"，这样他会觉得自己有决定权，就会以一种肯定的方式作出令你满意的选择。

问问自己

☆ 我给孩子们机会让他们做出我能接受的决定了吗？还是仅仅告诉他们该做什么？

☆ 我有没有注意提醒自己不要对幼儿说的"不"过于敏感呢？

6

给予有限的选择

 ## 31 种口味

八月的一天下午，天气很闷热。我站在长长的队伍里等着买冰淇淋。这里的冰淇淋有 31 种不同的口味。排在我前面的是一位母亲和她的两个小

 孩。那位母亲和其中一个稍大一些的孩子（大概七八岁）很迅速地选定了自己想要的口味，然而，那个小一些的（大概只有 4 岁）就没那么干脆了，问了两遍以后，妈妈只好把所有口味都一一念给她听。小姑娘专心地听着，然后说："巧克力的。"10 秒钟后，她又改口说："不，我要樱桃味的。"可是，还不到 5 秒钟，她又泪流满面地央求

大人给她"摇滚之路"①。最后，还是改成巧克力口味的。见女儿这样举棋不定，妈妈就不耐烦了，她对女儿大声地吼道："快点儿决定！说！你究竟要什么口味的?"原本是高高兴兴地出来玩，却成了现在这样紧张的局面。当然，对于这种情况，一个比较符合常理的选择应该是"摇滚之路"。

① 一种冰淇淋口味，是在朱古力味道冰淇淋中加入棉花糖、果仁和朱古力颗粒。——译者注

小贴士

幼儿应该学会如何自己做决定。但是，如果一次性给出太多供他选择的，他就会茫然不知所措。年仅4岁的孩子尤其容易犹豫不决，他们想尽量体会一下各个不同的选择，然而，这样频繁更改的过程又常常使得他们自己以及他们身边的大人都不知道该怎么办。要想正确引导幼儿的话，我们可以将选择限制在一个他们能应付的范围之内，比如只提供两三个选项。对于一个小孩来说，"你想吃比萨，还是炸鱼条"比"你想吃什么"这样笼统的问题要容易回答得多。因此，只给幼儿有限的选择会让你和你的孩子更轻松。

问问自己

☆ 我是不是只给幼儿有限的选择呢？

☆ 我有没有尊重他们自己的选择呢？

☆ 我提问题的方式是否适合年纪尚小的孩子呢？

7

做语言的规范使用者

儿语

B 太太是一个幼儿园小班的新老师。她是一个相当有爱心的人。以下是我听到的她跟小朋友们说话时常常会用的一些短句：

亲爱的，要不要亲亲你的小小脸脸啊？

我可爱的小小天使，现在要不要睡睡觉觉呢？

小贴士

喜欢幼儿并用乳名来称呼他们与学幼儿说话是截然不同的。幼儿会照搬大人的语句，模仿大人的说话方式。因此，我们务必规范使用语言，给他们树立榜样。

当一个小孩子发错一个音或说了什么不符合语法规则的话时，请不要直接纠正，而是用正确的表达方式重复一遍他所说的。例如，一个小孩说："我吃了 pasketti（想说'意大利面'）。"你可以回答他："你吃了 spaghetti（'意大利面'的正确说法）。真好！"通过这种委婉的方式，我们不但没有因为直截了当地给他们纠错而打击他们，还以好的言传身教帮助他们学会使用正确的表达方式。

问问自己

☆ 我有没有自觉避免说儿语？

☆ 我有没有给小孩示范如何正确使用语言？

"咿呀，咿呀，咿呀"

13

8
用语言来影响小孩对不快事件的反应

 不要给幼儿灌输任何概念

一天，我坐在一个卖三明治的小店里。这时，走进来两位年轻的母亲和三个看上去才三四岁的小女孩。其中两个小孩手里紧紧地攥着另一头系着红气球的绳子。正因为这样，要脱下她们的外套就很麻烦。手中没有气球的那个女孩，在她妈妈帮她脱外套时突然问道："我的气球呢?"她妈妈顺口就说："你已经没有气球了。"而孩子却十分镇静地对妈妈说："不，我要我的气球。我的气球哪儿去了?"于是，那位妈妈开始不耐烦了，直接告诉她："别忘了是你自己松开手让它飞走的。现在不许哭。你的气球已经不在了。"对于这样的答复，之前一直都沉着、冷静的小女孩回味了片刻后，紧接着当然免不了又哭又嚷了。

 小贴士

小孩子都会从身边的大人那儿得到暗示。如果我们表现得好像是我们希望他们哭——而且哭个不停——那他们一般都会照做不误。我们的言行举止和处事态度都会影响到孩子的反应。以下几个例子示范了如何正确使用语言，来帮助小孩在感到失望时做出正确的反应：

☆ 当看到小孩摔倒时，我们应该沉着应对，可以说一些诸如"这一跤摔得不轻哦，但是，我觉得你没怎么受伤"之类的话，听到这样的提示，小孩自然会懂得大人是什么意思，大多数时候他们都会自己爬起来，继续去玩。

☆ 要是小孩的玩具弄丢了，我们可以对他说："我知道你很喜欢那个玩具，要不要我帮你找啊？"

☆ 如果遇到小孩的蜡笔断了，不妨告诉他："你的蜡笔是断了，但是没关系呀！还可以用的，而且现在你有两支了！"

大人才是掌控局势的人。如果我们控制好自己的情绪，将问题视为可以解决的，那么我们就为小孩起到了积极的示范作用。因为我们不光用语言，还身体力行地教育他们如何来应对生活中那些不可避免的问题和令人失望的事情。

问问自己

☆ 在幼儿急躁不安的时候，我是否能保持冷静？

☆ 我有没有运用能帮助幼儿控制情绪的语言呢？

☆ 在幼儿面临不愉快的事情时，我是否鼓励他们以积极的态度应对？

"咿呀，咿呀，咿呀"

9

请用具体的词语

 你今天乖吗?

观察家长们早晨送小孩来上学也是很有趣的。家长们除了给自己的孩

子一些拥抱和亲吻,免不了要提醒他"好好玩哦"或者"要乖哦"。而每天放学来接孩子时,大人们除了给孩子一些拥抱和亲吻之外,还一定会问他:"今天乖吗?"而小孩子思考这个问题的样子又让人觉得很有意思。毕竟,"乖"这个字

包括了很多内容。单从家长和孩子的角度来看,它也许包含了以下意思
(但是不局限于这些):

☆ 和别的小朋友分享玩具

☆ 和大家配合一起打扫卫生

☆ 午饭时把自己碗里的蔬菜都吃完

☆ 没有尿裤子

☆ 没有撞坏儿童脚踏车

☆ 没有咬别人,没有打别人

☆ 没有哭

☆ 没有在衣服上沾染颜料

☆ 照顾好自己的小妹妹

🌻 小贴士

当我在家长见面会上问家长们什么才是"乖"时，他们自己也觉得很难说出具体的意思。既然如此，我们又怎能要求一个小孩子正确地理解我们使用的那些诸如"要乖"、"好好玩"等含义过于笼统的词语呢？

若是你的学生帮着打扫卫生，耐心地等着家长来接，或者把该吃的蔬菜都吃了，你应该对他说："这样做很好。"或者说："你能这么做，我很高兴。"大人有必要突出强调那些我们赞赏的具体行为，这样才能让小孩明白自己为什么能受到表扬。同理，和诸如"好好玩"、"要乖"这样过于笼统的词语比起来，"要轮流（玩）"和"要有礼貌"会让孩子觉得好理解得多。

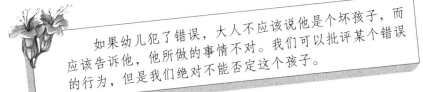

如果幼儿犯了错误，大人不应该说他是个坏孩子，而应该告诉他，他所做的事情不对。我们可以批评某个错误的行为，但是我们绝对不能否定这个孩子。

我个人对于"好（或体贴）"的理解就是：当我工作上或生活中不顺心时，我先生会主动提出下班回家时给我带一个比萨当作晚餐，或者说他带我出去吃。

❓ 问问自己

☆ 我是否避免使用一些过于笼统的词语？

☆ 当向幼儿表达赞赏或批评的意思时，为了让他正确地理解我的话，我是否只提某个具体的行为，而不是笼统地告诉他"要乖"？

☆ 遇到总是叽叽喳喳或是集体活动时不听我讲话的小孩，我是不是只对他说"请注意"呢？（实际上，此时应该说，"请安静，现在该我讲话"，或者"请等到该你发言的时候再讲"）

「咿呀，咿呀，咿呀」

10

避免说反语

 钢琴

在幼儿园的防火安全周，我们给孩子们安排了一次消防演习——教他们如何从室内撤离。我们当时上课的教室有两扇门，分别在教室的前后两端。

其中一扇门通向一道长长的走廊，而从另一扇门出去则直接到操场上（可以说是一个相当不错的布局）。由于担心孩子们在听到警报时不知道应该从哪扇门出去，我没有跟他们讲两扇门的区别，而是要求大家记住在教室里的那架钢琴旁边汇合。那台钢琴正好放在通向操场的那扇门边。

在好几次演习中，我都是用同样的方法来教学生的。我相信孩子们肯定能清楚地记得当火警响起的时候应该向那架钢琴跑去，老师们则会在那儿帮他们安全地撤离。

好笑的是，一天下午，劳拉忧心忡忡地来找我。她显然是遇到什么麻烦了，而且还很焦虑。她告诉我说："要是我家着火了怎么办呢？因为我家里没有钢琴！那我该往哪儿跑呢？"

小贴士

幼儿总喜欢按照字面意思去理解别人的话，这就会导致他们误解所听到的话，或者进行错误的归纳。就像一种语言的初学者一样，他们无法理解词语之间细微的差别和一些反语。比如 "feeling blue, raining cats and dogs, having a whale of a time, or being a bit under the weather"① 等等，这些说法就会让年纪尚小的孩子们感到十分茫然。跟他们说话时，我们一定要注意表达得清晰、具体。我们说的一些教学用语，尤其是一些带有幽默色彩的话，很可能被他们误解，如："Dig what I mean?"②

要是 "lackadaisical"③ 这个词在英语中有意义的话，那它的意思可能和缺少花朵有关。

——道格·拉森（Doug Larson）

问问自己

☆ 我有没有避免用反语或说成年人的幽默等一些容易被幼儿误解的话？

☆ 和幼儿说话时，我是否表达得很清楚，而且他们很容易听懂？

---

① 这些短语属于英语的习语。正确的理解依次是，"感到无精打采，下倾盆大雨，玩得非常开心，身体有些不舒服"。但是如果按字面意思理解，则是"感到蓝色，（天上）下着很多猫和狗，一次得到一头鲸，有一点在天气的下方"，这样的理解当然很荒谬。——译者注

② 这句话用了暗喻的修辞手法。正确的理解是："明白我说的什么意思吗？"但是，小孩子可能会按每个单词的字面意思来理解，就成了"挖出我说的话"。——译者注

③ 这个单词由于读音听起来很像"缺少一朵雏菊"，所以词汇量并不丰富的小孩很可能就会误解。而实际上，它表示"懒洋洋的，愁闷的"。——译者注

11
鼓励幼儿开口说话

 **让我们聊聊吧**

乔希是一个很害羞的小男孩。他基本上只靠手势和其他肢体语言与别人交流。他最擅长做的动作除了用手指着目标，就是点头或摇头。然而有一天，我正在给大家讲故事，他突然发出的声音让我惊呆了——我讲的故事自然也就被中断了。当时我手里拿着的那本书是有关动物如何为过冬做准备的。当我把书上画的一只老鼠展示给大家看时，他突然变得像打开了话匣子一样。很显然，他家里最近肯定发生了什么和老鼠有关的事。终于能听到他滔滔不绝地谈论某件事情了，真的令人感到很欣慰。

小贴士

我们应该做更多的工作让那些言语不多的幼儿开口说话，帮助他们学会与人交流和树立自信心。当你准备和他们聊天时，最好向他们提一些不能仅仅用"是"或"不是"来应付的问题。而他们最了解和最容易找到话说的就是周围与他们自身相关联的事物。他们可以谈论自己真实的感受，比如下面一组话题：

☆ 食品

☆ 玩具

☆ 各自的家园

☆ 朋友

☆ 家里人

☆ 宠物

但是我尽量不问及电视节目和电影。因为我发现他们对于相关话题的讨论仅仅是复述节目内容或情节，几乎没有什么真正意义上的交谈。

另外，我不赞成问他们有关老鼠的问题。

问问自己

☆ 我是否会尽力让所有的幼儿都参与讨论？

☆ 当幼儿说话时，我是否专心致志地在听？对于他说的话，我是否会做出相应的反应？抑或是我只在给他们下达命令时才和他们交谈？

「咿呀，咿呀，咿呀……

12
借助道具来引出交谈

 **突兀地提问**

六月里的一天，天气很热。幼儿园里有一个班的小朋友正围坐成一个圈在上美术课。这次美术课的作业将作为礼物送给家长，所以，为了激发他们对于美术的兴趣，老师用了启发性的问题来问小朋友们："大家是怎样表达对别人的关爱呢？"可是孩子们听了之后，要么脸上一副茫然的表情，要么不安分地动来动去。过了好一会儿，总算有学生开口了，可他的答案却是"我去海边"。

为了不打击他，老师尽量控制着自己的情绪，表示赞赏地说："太棒了！"而其余的学生似乎一下明白了该怎么回答老师的问题，于是也学着前面那个孩子回答，"我去游泳"或"我用喷壶浇花"。很显然，那位老师原本想要的并不是这样的答案。

小贴士

我认为非常有必要用一些诱导的方式，来启发幼儿根据我们提出的话题进行思考和讨论。如果借助一幅画着小孩子拥抱父母亲或宠物的图片，或是与别人分享玩具的图片，恐怕会比突兀地提出一个问题更有效。

如果没有合适的图片，也可以给他们讲一个故事："当我还很小的时候，我哥哥总是把他的玩具给我玩。这说明他很有爱心。"这样的启发就给了孩子们一个参照的框架，也帮助他们基本理解了你的重点是什么。

 问问自己

　　☆ 我有没有借助一些图片、手偶或者小故事来帮助幼儿理解话题的重心，从而诱导他们谈论该话题呢?

咿呀，咿呀，咿呀

13

对幼儿的提问要难度适中

 现在是几月?

一位老师正在用她自己最喜欢的几个问题来引导小朋友们（以下是师生之间的问答）：

老师：孩子们，现在是几月啊？

罗伯塔：十月。

老师：不，不对。

可怜的罗伯塔，她好不容易弄清楚老师究竟问的是什么问题，可是回答的月份却弄错了：现在应该是十一月初。

这时，索菲亚决定试一试，碰碰运气，于是她大声回答："星期二。"

另一个小朋友西蒙也很想积极参与，忙接过来说："（今天是）阴天。"

老师一下感到情况不妙，只好告诉大家，"现在是十一月"。接下来，她又照原来的问法提下一个问题。

老师：今天星期几呢？

弗兰克：今天是感恩节。

老师：不，不是今天。

西蒙（坚持自己的看法）：今天是阴天。

其实，只要接着多问几个问题，他迟早都会猜出正确答案的。

这时，艾拉答道："今天是我的生日。"

今天当然不是艾拉的生日，但是至少说明了小孩子很喜欢思考一些他们感兴趣的问题。

❀ 小贴士

我敢说，就算不是最常被问的，但是像这种"现在是几月（或今天星期几）"的问题肯定也极为频繁地被拿来问学前儿童。

我真搞不懂为什么这些老师会把这样的问题看得如此重要。类似于这种月份和星期的问题几乎总能激发幼儿天马行空的想象。提问的老师又总是否定小朋友的错误答案（而小朋友们其实也是绕着圈子回答），直到某个幸运的小朋友凑巧猜对了为止。不然，这位老师只好就此作罢，自己把正确答案告诉大家。要是能直接告诉孩子们"今天是星期四，现在正是十一月"，恐怕会比前一种方法更合适。接下来，孩子们也许能通过看看窗外的天气说出天气情况，说不定还可以通过看日历（这要视他们的年龄和教室里的日历难易程度而定）找出当天具体的日期呢。

> 当向幼儿提问时，大人应该注意避免引起他们胡乱猜测。同时，还要全面地考虑自己所提出的问题，尽量保证孩子们一般都能正确地判断和回答。

我曾做过一次抽样调查（当然，也许并不客观），结果显示：老师们一直以来最爱问的问题就是"你要去洗手间吗"。

❓ 问问自己

☆ 为了鼓励幼儿思考，我是否会问一些适合他们这个年纪回答的问题？

☆ 我提的问题小孩子一般是不是都能正确地判断和回答？或者我的问题会让他们天马行空地乱猜？

"咿呀，咿呀，咿呀"

14

引导幼儿说真话

 善意的谎言

不知你是否注意到这样一个事实：如果一位老师想要引起孩子们对某个话题的兴趣（比如，有关宠物的），那她最爱问的就是："谁在养宠物啊?"也许会有一些孩子说出自己的宠物的名字以及其他相关的信息，并且很快地，几乎每个小孩都会谈起自己的宠物——不论他们是否真的在养。因为所有的小孩都想参与到谈话中。要是谁没有宠物，他当然就会处于劣势。同样，其他一些话题，如假日旅行、最强壮的哥哥和最大的房子等，也会出现这种夸大事实的情况。

 小贴士

请不要把幼儿这样的想法当成说谎，请将其视为一种美好的愿望。这时，最好不要表现得你很讨厌撒谎，而应该顺着孩子的话说："如果你真的在养宠物的话，那它应该就是像你所说的那样。"这样的回答不仅让他知道我们不接受谎言，还表明我们理解他夸大事实或幻想的欲望，或者说仅仅是为了参与到谈话中。

☆ 当幼儿撒谎时，请不要表现得过于反感

☆ 正确引导幼儿以真话来表达自己的思想

问问自己

☆ 我是否帮助幼儿通过说实话来表达自己的思想？

☆ 当幼儿撒谎时，我有没有表现得过于反感呢？

15

要诚实守信

 真的

塔瓦娜和贾斯汀两个小朋友正在为"过家家"忙得不亦乐乎。塔瓦娜扮演一名医生,而贾斯汀则是一个有点儿怕见医生的病人。"小医生"拿着一个手电筒假装检查"病人"的耳朵。这样敷衍两下之后,便对"病人"宣布:"你病了,得打针。"只见她一边准备针剂,一边煞有介事地安慰贾斯汀:"这个一点儿也不痛。"而"病人"贾斯汀却是一副紧张兮兮的表情。他盯着"医生"手中的注射器(尽管上面没有针头,但看上去还是挺恐怖的),无辜地问道:"你的意思是像医生说的那样不痛呢,还是真的一点也不痛呢?"

🌼 小贴士

幼儿是相当容易轻信别人的,所以要想蒙骗他们几乎是轻而易举的事情。但是,不妙的是很多大人都爱利用他们的这一特征。最经典的一个例子就是:当一位儿科大夫要给小孩打针时,他常常会不自觉地哄小孩子,"不会痛的"。如果一个小孩第一次听到这样的谎言,那么他可能就不再哭闹着要挣脱大人了。但是,大多数家长都会告诉你这个办法顶多就第一次管用。

小孩子也会慢慢明白谁值得信赖、谁不值得。诚信的品质就这样丢了，想一想，为了眼前的目标（如为了避免小孩哭闹）所付出的代价实在太高。因此，我建议不妨对小孩说："打针是相当重要的。即使会痛，但是还有妈妈在这里陪着你呀！如果你能乖乖地待着别动，医生很快就能打完，那我们就可以马上离开这里。"

请记住：如果我们通过一些欺骗的手段或小把戏来哄孩子，他们也会跟着这样做的。维系父母与孩子之间相互信任的强韧纽带，要比你为了达到眼前的目的而欺骗孩子重要得多。

当你说真话时，你不必记住自己说了什么。

——马克·吐温（Mark Twain）

问问自己

☆ 我在处理幼儿的问题时，有没有注意避免使用一些欺骗的手段和小把戏呢？

「咿呀，咿呀，咿呀」

29

16

回答之前先弄清楚幼儿究竟问的是什么

 你问的是什么？

7 岁的汤米来到厨房问妈妈："妈妈，我是从哪儿来的呢？"妈妈听了，让儿子先等一下，然后自己赶紧跑到客厅，郑重地对汤米的父亲说："儿子刚才问我他从哪儿来的。现在也该告诉他生命究竟是如何开始的。"于是，爸爸坐到儿子身边，尽职尽责地向他解释。他先从小鸟和小蜜蜂说起，最后还画了些草图以表明男性和女性身体上的差异。汤米聚精会神地听着，直到爸爸讲完之后，他才说："哦，懂了。可是，我真正想知道的是，我是从哪个地方来的？因为比利说他是从新泽西州来的。"

小贴士

请先弄清楚小孩子到底想要知道什么，再回答他提出的问题。一般情况下，简短的回答就能让他们心满意足了。千万不要过于敏感，对他们进行长篇累牍的说教。给小孩子讲道理就应该用他们能听懂的、简单的说法，而没有必要解释太多他们也许并不感兴趣的道理。

问问自己

☆ 我是否在回答幼儿的问题之前先弄清楚了他们究竟在问什么？

☆ 我有没有忽略小孩只能短时间集中注意力的特点，向他们解释得太多？

不妨试试

● 利用吃点心或是正餐的时间和小朋友们坐在一起聊天。

● 等幼儿园的小朋友回家后，给他们打打电话。当然，在此之前请先通知他们的家长。

● 用录音机录下小朋友说话的片段，然后再放给他听，让他尽量判断出是谁在说话。

● 用一个箱子做一个可以进行布偶表演的小舞台，也可以借助一张桌子来挡住自己的身体，让小朋友们站在桌子后面观看布偶表演。

● 用一个大盒子做成一台电视机的框架，再把一个网球固定在一根小棍的一端当作话筒。然后让小朋友们表演上电视的情景。

● 设立一把"故事椅"或一个"故事角"，让小孩子在这里当一回讲故事的主角。

● 将一个枕头套当成魔术袋，并在里边放一个小东西。请孩子们把手伸进套子去摸里面的东西，一边摸一边描述一下它的特征，但是并不需要他们说出是什么具体的东西。例如，你可以在里面放一个皮球、一个布偶、一把榔头、一个闹钟，或者一口平底锅等等。这样做的目的就是让他们通过使用诸如"僵硬"、"柔软"、"大"、"小"、"光滑"和"圆形"这样的词语来扩大词汇量。

● 向小朋友们提一些能促使他们动脑筋思考的问题，激发他们的会话能力与想象力。例如：

☆ 如果你能变一个魔术，那你会变什么呢？

☆ 如果你能变成一种动物，那你愿意是什么动物呢？

☆ 如果让你成为另外一个人，你想成为谁？为什么？

二、"你怎么就不能规矩点儿?"

——管教和惩罚是不一样的

惩罚和管教是截然不同的两种方法。惩罚,作为一种消极的行为,并不能教会幼儿应该怎么做;而管教却是一个积极的教育过程,如果用得恰到好处,这样的要求将有助于使幼儿学会自律。

我坚信爱才是规范幼儿行为习惯最有效的工具。道理很简单:假设一个不是很熟的人,或者一个陌生人,对你说了一些很不中听或很伤人的话,已经是成年人的你一般都会不以为然地耸耸肩,仿佛在问:"这人哪儿不对劲啊?"但是,一旦这样的批评出自一个很亲密的朋友、亲戚或是我们的父母亲,我们就会格外重视。原因就在于:当我们很在意的人排斥我们或是否定我们的言行时,我们会感到很难过。同理,幼儿若是和某些大人关系亲密,那么他也会很在意大人对他的感情和看法。如果他很看重

你，重视你对他和他的行为举止的态度，他会想方设法取悦你，会按照你的要求去做。爱心和关怀比棍棒和惩罚要有说服力得多。

如果你实在不得已要教训一个小孩，一定要注意你否定的是某个具体的行为，而不是他这个人。我坚决反对体罚或羞辱小孩，因为他从受训时的这些可怕经历中得到的负面教训会伤害他。

如果你总是不停地批评、指责一个孩子，那肯定收效甚微。你必须先分清主次，挑出你想要强调的。请学着从另一个角度来看待那些可以在不久的将来再解决的小问题。不然的话，孩子也许会感到力不从心，并且很可能会从此认定要想取悦你太难了。

我们对小孩行为的要求应该以他们所处的年龄段为基础。如果大人频繁地对小孩说"不对"，这就表明所处的环境不合适，或者说大人对小孩的期望过高，已经超过了他当前实际年龄应该达到的水平。

给幼儿提供一个良好的成长环境，同时，给他定下符合他实际年龄的行为准则。这样的做法对于尽量减少他犯错会大有裨益。但是，大多数教师都明白，对于"管教"这个问题，并没有什么灵丹妙药或者笼统而简单的解决办法。你唯一能控制的就是你自己的行动。每个小孩都有他的独特之处，大人也一样。我们都有丰富的经历和各种各样的观点，这些经历和观点让我们在面对不同的情形时能做出不同的反应。

以下几节是我自己的一些经历，以及这些经历是如何影响我在某些最难应付的情况下对待小孩的方式。

你可以从孩子那里学到很多东西。比如，你到底有多少耐心。

——富兰克林·琼斯（Franklin Jones）

17

请控制你的情绪

 不要"嘭"地一声扔下平底锅

我的小儿子在中国教一群 8 岁的学生学英语。他曾给我讲过一个故事，是关于他教学生学习厨房物品词语的。那天，他把一副餐具——盘子、刀叉和酒杯——与一个平底锅拿到课堂上。当时已是那个学期的最后一周了，教室里的温度高达32℃。学生们根本没心思上课，要么讲话，要么做一些和上课无关的事情。他已经无法再保持冷静了。无奈之中，他拿起平底锅，在讲桌上重重地敲了几下。他这几下倒是引起大家注意了。见大家安静了，他便问学生们为什么总有这么多话要讲。而这个问题随即就成了那堂课讨论的话题。

 小贴士

人非圣贤，孰能无过？我们都是普通人，总有被一些事情激怒而不能自控的时候。那么请你先调整好自己。请试着了解自己的忍耐极限。在任何时候都不要让一个怒气冲冲、情绪失控的大人来管理小孩。你可以先暂停一下，让自己冷静下来。如果没有任何人会受到人身伤害，你不妨回避一下当时难以掌控的局面。走到另一个房间，或者到外面呼吸一下新鲜空气等，这些简单的动作都可以帮你及时地控制自己愤怒的情绪。虽然只是

短暂的停顿，但是意义重大：一位冷静而理智的老师（或家长）给孩子们留下的是积极的、正面的学习经历；反之，怒不可遏的大人只能带来负面效应。

控制怒火最好的良药就是暂停片刻。

——塞涅卡（Seneca）

 问问自己

☆ 我能否控制住自己不发火？

☆ 我是否会注意不要因为恼怒而吓到孩子们？

18
大人之间先统一口径

 ## 我们需要一个对策

我曾教过一个名叫萨拉·简的小朋友。虽然当时她只有4岁，但是就像一个天生的谈判专家一样，很会说服别人。我敢肯定她现在在外交使节团一定工作得很开心。她几乎从不接受别人的拒绝。如果从某个大人那儿得不到她想要的答案，她总会重新组织语言，从另一个角度来提出要求。或是去找别的大人，希望从其他人那儿得到不同的答复。

一天，萨拉·简问我她可不可以玩橡皮泥。我向她解释说：因为马上要进行大扫除了，所以已经没有那么多时间玩了，但是我明天一定会把橡皮泥拿出来给大家玩的。听到这样的答复，她当然不高兴了。于是，她跑去找一位教师助理，提出同样的要求。那位教师助理也很清楚就要大扫除了，同样也告诉她不行。可是从不服输的萨拉才不会就此放弃呢。她又找到一位刚来幼儿园做义工的老人。这位老人并不知道时间安排，所以马上答应她："当然可以。"就这样，不达目的不罢休的性格再一次让萨拉如愿以偿。

小贴士

虽然萨拉不愿接受老师的拒绝这件事仅仅是个微不足道的小插曲，但是它确实反映出了大人在和幼儿相处时经常会遇到的问题——大人之间没

有统一口径。如果相关的老师和家长事先能统一说法，那么小孩行为方面的问题，尤其是那些比较重要的，将变得容易应付得多了。

针对一些"肯定会出现的"情况，我们不妨细致而周到地设计出对策。即在某个不好的行为出现之前，心里就已经知道该如何恰当地做出回应。在如何回应这个问题上，每一位与之相关的大人都应该达成一致意见。如果大人都是以同样的说法来对待幼儿重复提出的问题，幼儿自我评判行为的能力将会很快提高。

当我们在考虑对策时，务必先分析一下在幼儿表现出不服从命令或安排之前发生了什么事情，即究竟是什么导致他在某个特定的时间出现这种不听话的行为。比如：

☆ 他是不是感到疲倦了？

☆ 他是否需要更多的活动空间？

☆ 他是否需要更多时间来从一个活动过渡到下一个活动？

☆ 他一定得和其他小朋友一起玩吗？

☆ 他一定得一个人单独玩耍吗？

☆ 在和很多小朋友一起玩的时候，他是否受到了过多的刺激？

也可能是好几件事情或好几种情形一起导致了他不听话的举动。不论是什么原因，也不管你采取什么解决办法，大人们都应该对某个重复出现的情况表现出一致的态度。

请记住某个小孩习惯性的行为模式。如果只是单独的、和其他事情没有什么联系的事件，那可能不会出现第二次，这种情况可以不予追究。毕竟任何人都会偶尔遇到不顺心的事情，诸如，感冒了，头一天晚上没睡好，或者对于某件即将发生的事情太焦虑或兴奋等等。这样或那样的原因都可能导致孩子出现反常的行为举止。因此，万一哪个一向都很乖、很听话的孩子犯了错误，那就请姑且认为他不是故意的。

　　　　　我们应该让幼儿园新来的义工清楚园里的作息时间表，帮助他们适应日常教学活动。尽管我们真心希望他们和幼儿在一起能感到轻松自在，但是他们还是有必要知道在不是很确定的时候，一定要先向其他教职员工问清楚再做决定。

问问自己

　　☆ 我和其他大人是言行一致，还是各自有不同的说法和举动呢？

　　☆ 我有没有定期和班里的其他老师见面，一起探讨幼儿行为规范方面的问题呢？

　　☆ 我有没有告诉新来的义工幼儿园的时间安排情况，有没有帮他们尽快适应日常教学活动？

「你怎么就不能规矩点儿？」

19

从正面关注幼儿

 关注我总比不理我强

Hugs① 老师教的是两岁的小朋友。她曾经感到很苦恼。因为她的班上有个小朋友爱咬人，并且咬人的情况已经越来越糟了。但是每当他要咬人时，又似乎没有任何前兆，也没有固定的时间。其他小朋友的家长纷纷开始表示不满，可 Hugs 老师束手无策。一天，我问她最近是如何处理这种咬人事件的。她回答说：只要那个小朋友一咬人，她就把他引开，然后批评他这种行为。在我看来，这样的解决方式似乎是很好的，也很符合学校要求。于是，我提出要来观摩她的课堂，也许我能从中发现一些导致那个小朋友咬人的原因。

一个星期二的早上，我碰巧有空闲时间，就坐在堆放积木的角落里观察她班上的孩子们。当时，Hugs 老师正全神贯注地给大家上艺术课。本杰明（就是那个爱咬人的孩子）正在玩几辆玩具卡车。这时，诺亚走过来坐在他旁边。可是，才两三分钟时间，我们就听到诺亚号啕大哭。很明显，这次肯定又是本杰明干的。Hugs 老师赶紧冲过来。她先看了看诺亚的伤，还好，没什么问题。接着，又马上把注意力转向本杰明。只见她一下把"凶手"从凳子上抱起来，带着他来到走廊上。她一边轻轻地晃动着安安

---

① 　这个单词意为拥抱。用它给老师命名表示这位老师很爱抱着小朋友。——译者注

静静躺在自己怀里的本杰明，一边很温柔地跟他说咬人是不对的。而此时本杰明的反应则是：一边认真地听着，一边用手玩弄着老师的头发。

由于不想轻易过早地下结论，我决定星期三的时候再观察一下。这一次，我坐在摆放书籍的那个角落里。Hugs 老师还是在上艺术课。本杰明好像对什么事情都不是十分投入：他一会儿玩珠子，一会儿瞟一眼书本，一会儿又盯着老师看。在盯了老师一会儿后，他随便走到一个小朋友瓦内萨跟前，对准她的脚丫就是一口。Hugs 老师又像上一次那样惶恐不安地赶过来，先检查瓦内萨的伤势，再抱着本杰明来到走廊上。接下来，又是一阵单独的说教。

因此，我可以断定只要本杰明感到孤独，他就会在离自己最近的小朋友身上随便咬一下。因为这样肯定会引起老师的注意，至少可以有 5 分钟和老师在走廊里独处。

❀ 小贴士

有时，小孩子为了让大人关注自己会变得不顾一切，哪怕是大人对自己批评打骂都比一点儿也不在意好。在每次咬人事件发生后，Hugs 老师都会很在意本杰明，还会把他带到走廊上独处一阵。其实，她这么做正好适得其反——她屡次想要禁止的行为却变本加厉。

后来，我们采用了新的解决办法：在本杰明自己采取行动之前就主动给他更多的关注。同时，我们一致认为下次要是他再咬别人，就由教师助理，而不是 Hugs 老师，把他带到另一处安静的地方，只用清晰、简洁的语句告诉他"你可以咬饼干，咬胡萝卜，但是不能咬人。我决不允许你咬人"。最后，这个小朋友真的改掉了通过咬人来引起老师关注的坏习惯。

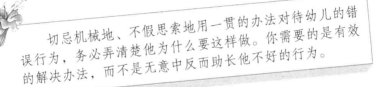

切忌机械地、不假思索地用一贯的办法对待幼儿的错误行为，务必弄清楚他为什么要这样做。你需要的是有效的解决办法，而不是无意中反而助长他不好的行为。

当你在和幼儿讨论某个错误行为时，请用便于他理解的语句。如果条件允许的话，你还可以告诉他正确的做法应该是怎样的。比如，你可以说："我们应该好好跟别人说，而不是去打别人。"

问问自己

☆ 我是否对所有的小朋友都给予了足够的正面关注，使他们不至于为了得到重视故意做错事？

☆ 当批评某种不正确的行为时，我说的话是否简洁明了，是否便于幼儿理解？

20

请减少物质奖励

 是奖励我贴纸和金色小星星，还是奖励其他的？

我曾参加过一位心理学家主持的研讨会，主题是对行为的奖励。她的观点是基于"每个人都需要得到一些物质奖励"这样一个前提。她提出的一个观点引起了我的注意。她说："人们上班是为了得到报酬。如果没有任何酬金，那么就不会有人来当教师了。"我认为这是一个错误的逻辑。我之所以当老师是因为我觉得教师这份工作能让我感到满足，受到鼓舞，并且得到快乐，而并不是因为经济上的报酬。

那位心理学家还说，用金色小星星、贴纸以及其他一些小玩意来引起幼儿的兴趣是非常有效的办法。她指出这些小玩意能轻松地解决小孩的行为问题。我不得不承认：这些年来，这一理论确实得到了很多人的拥护。大多数家长和老师都有一大堆贴纸，并且经常拿来当奖品。我所担心的是他们恐怕没有考虑过从长远的角度来看，这样做会产生什么样的后果。

 小贴士

当小孩子知道有诸如美食、贴纸和金色小星星这样的奖励时，他们会积极配合大人。这是一个不争的事实。但是，有很多人并没有意识到——或者说是故意视而不见——这种对幼儿行为给予小奖励的做法会带来非常严重的负面效应。这种负面效应通常要等到小孩上了小学以后才会露出其丑陋的真面目，到那时，你就不得不自己承担后果了。因为小孩子逐渐会认为他们打扫自己的房间或是做点儿其他家务都是应该得到报酬的，于是他们会问你："我打扫自己的房间，你打算怎么奖励我？"看吧，更严重的问题还在后面呢！随着孩子人生阅历的不断丰富，他会慢慢学着和大人讨价还价。比如，他会说："我打扫房间，只给一张贴纸是不够的，要两到三张。"这最终还会发展成为直截了当的"收买"。到那时，明明是为了奖励好习惯的一个制度很可能就演变成了一个敲诈勒索的计划。何时才会是个头呢？这些孩子究竟是明白了他们有责任完成某些工作呢，还是把这些工作视为潜在的挣钱机会呢？

我们必须认真、全面地考虑奖励和调动积极性这两个问题。口头表扬和认可是大人在对待小孩时可以，并且应该经常使用的非常有效的手段。当然，偶尔——在经过全面考虑以后——使用一些物质奖励，也是每个孩子成长过程中不可或缺的一部分。但是，我们时刻都要牢记：必须培养幼儿从自己完成的工作中得到一种自我满足感。不论是完成一个任务，爱惜财物，还是解决一个问题，其中的自我满足感应该成为一种必然的内在奖励，而不是以某些外在物质为基础。

让幼儿感受到关怀、尊敬、自豪和关爱，是调动他们积极性的最好方法。

问问自己

☆ 我是否过多地依赖给孩子物质奖励（如好吃的，好看的贴纸和小星星之类），以此来影响孩子的行为？

21

避免主动权之争

爬进去

现在，小朋友们应该从操场上回教室了。可是，4 岁的理查德还站在离教室门最远的地方，一副坚持自己立场的神情。曾经有几次，都是等到老师专门去邀请他，他才会加入到其他小朋友的活动中来。有时，我干脆就不理他，假装没发现他没和我们一起，而他最后还是只好自己跑过来。然而，这一次，我知道还是得由我走过这段长长的距离——穿过操场——亲自去叫他进教室。

我走到他跟前对他说："现在该回教室了。"他冲我笑了笑，回答："不。"为了说服他，我连哄带骗地跟他说教室里会做很多有趣的游戏，说尽了一切好话，可惜都不管用。当时的我简直是束手无策。为安全起见，我别无选择，必须回教室了。为了给理查德留面子，我还是耐着性子对他说："要么我像抱着一个婴儿那样把你抱回教室，要么你像个大男生一样自己走进去。"这已经是我能想到的最后一招了。可是，令我失望的是他的回答仍然是"不"。（其实我当时也觉得自己很傻，自找麻烦。他体重约18 公斤，真不想抱着这么重的孩子穿过操场。）

所幸的是，后来理查德提出了自己的解决办法。他不愿意像我最初要求的那样走回去，而要自己爬回去。虽然这样的方式很慢，也很不舒服，但是既然我的目的就是要他回教室，难道真的还在乎他以什么方式回去

吗？于是，我答应了他的要求，转身准备离开。他真的双腿跪地，一点一点地爬。可怜的小家伙——铺了沥青的操场表面很粗糙，他那样爬肯定是相当难受的。我每隔一会儿就会听到他在地面上小跑时脚下发出的噼噼啪啪的声音。可是只要我一转过身去看，他又回到原来爬行的状态。出于对他的爱怜，我不再转身了，只希望他能跑完大多数路程，反正我已经达到了自己的目的——要他回教室，而他，除了膝盖很疼，也为自己能想出解决问题的办法而感到自豪。

🌼 小贴士

当幼儿要和你争夺主动权时，一定要记住自己真正想要完成的是什么。我们要小孩乖乖听话的办法有很多。不妨试着给他一定的选择权，让他觉得自己并非事事都得服从大人的安排，在一定程度上，他也可以掌控整个局面。只要他提出的要求合理，又能达到你原来的目的，你就不妨变通一下接受他的提议。

小孩子需要一些积极的正面的途径来体现自己的意愿，这也不失为一个很好的机会——你可以借机帮助他们顺利地完成心愿，成功地解决问题。

❓ 问问自己

☆ 我有没有给幼儿一些选择的机会，从而避免和他们争夺主动权？

☆ 我会听取幼儿的意见吗，还是只给他们下达命令要他们服从？

22

想让一群小孩安静，就和他们一起嚷吧

 要打败对手，就得与他们为伍

我们刚刚打扫完房间，一群孩子聚集在一块小地毯上等着听故事。肖恩和汉娜两人精力旺盛，拼命地大声尖叫——当然，他俩只是觉得那样好玩。等我来到那块小地毯跟前时，好几个小家伙都跟着他们大叫起来。我绞尽脑汁想让他们知道在房间里要小声说话，还尽可能地让他们看到我不高兴的表情，但是，收效甚微。他们尖叫的分贝那么高，好像要大闹一场似的。（真不知道隔壁邻居会怎么想）

由于以一个局外人的身份来制止他们不起作用，我决定跟着他们一起闹。于是，我也开始大叫，还不时地冲着其中几个孩子笑，我就这样"混进"了"敌营"。紧接着，我又建议大家用另一种不同的声音来叫，还亲自发了一个爆破音。他们都学着我的样子一一发声。后来，我们还试着发了其他几种音。最后，我才一步步地让他们的声音降到了很低的程度。我总算掌控了整个局面，他们也乖乖地坐好了听我讲故事。

小贴士

有时，小孩子自发的行为活动是很喧闹的。这时，与其硬碰硬地让他们安静下来，不如跟着他们一起闹，一起"享受"其中的快乐。然后，你再根据自己的标准一步步地引导他们安静下来。大声尖叫也是比较好玩

的，有时你需要多花一点时间才能让他们安静下来。所以，最保险，也最简单的办法就是让自己身处其中，而不是从局外人的角度来制止他们，否则，很可能只是徒劳。

> 和幼儿说悄悄话也是一种吸引他们的好办法。干吗总是要用比他们的叫嚷声还高的声音来和他们说话呢？为什么不试试和他们说悄悄话呢？

问问自己

☆ 我会不会加入到孩子们自发的活动中，再慢慢地以一个"同伙"的身份来引导他们安静下来呢？

23

重新安排不理想的游戏

供不应求

我在幼儿园里"过家家"活动区设立的一个"小餐馆"非常受欢迎，不，应该说十分火爆。孩子们在这里为了点菜而你争我抢，都快动手打起来了。"顾客"总是很多。我原本也没有准备那么多的道具。

为了化解这种供不应求的矛盾，我最后孤注一掷地问小朋友们有没有钱来买单。他们当然没有钱了。于是，我让大家先到手工台前做一些假钱，再去餐馆"吃饭"。好几个小朋友都觉得这个主意不错，就为制作假钱而忙碌了好半天，有些孩子还做了好多呢（要是现实生活中的钱也那么容易挣到就好了）！

让幼儿自己制作假钱的办法在其他"过家家"游戏中也很管用，比如，去宠物店，看电影，逛商店等等（但是，让我哭笑不得的是一些小朋友居然用这些钱来买"警察抓小偷"中的角色）。

小贴士

重新安排幼儿去玩其他的游戏是一个非常有效的技巧。这个方法不局限于太多小孩争着参加同一个"过家家"游戏的情况，还可以，而且应该在我们的室内和室外的所有活动中都加以应用。当遇到某个活动或游戏进行得不理想时，千万不要只知道说"不行"或者干脆中止活动，最好是提

出一些建议（也可以另外提供一些道具），让孩子们以更好的方式来参加游戏。

问问自己

☆ 我是否会以一种积极的、不让小孩反感的方式来重新安排他们进行得不理想的游戏？

☆ 我有没有给孩子们提供一些有益的建议以及可以达到同样效果的办法和道具呢？

24

帮助幼儿学会轮流

对不起

亚历克西斯是一个很好强的小女孩。只要是她想要的玩具，就算别人已经在玩了，她也会毫不犹豫地去抢，去推，甚至去打别的小朋友。但是，公平地说，虽然她在这个时候会变得很凶，但是同时她也相当懂礼貌。其实，每次在她要抢某个玩具或要打某个小朋友之前，她都会直接看着对方的眼睛，十分真诚地说声"对不起"，之后，才会对那个"可怜虫"拳脚相加。

小贴士

很显然，亚历克西斯必须学会轮流着玩玩具。处理这种情况的一个方法就是对她说："我知道你想玩这个洋娃娃，但是简现在正在玩呢。"这样会让她觉得你是一个善解人意的大人，并且你看出了她对这个洋娃娃的需求，还认可她的这种渴望。同时也让她明白了其他小朋友也有同样的需求。接下来，你可以给她一些有益的建议，例如"你可以一边等，一边玩其他洋娃娃呀"。

问问自己

☆ 我有没有帮助幼儿学会轮流玩玩具呢？

"你怎么就不能规矩点儿？"

25

当孩子在挑战你的忍耐极限时，别发火

😊 就当没听见

以下是幼儿园的小朋友们上课时发生的一件事：

老师：明天是一个重要的日子，我们要去动物园参观。在看了动物之后，我们中午要野餐。

一个小朋友：那我要拿肉丸子来砸你！

老师（显然是被这句话惹怒了）：不会吧，那样不对哦。

另一个小朋友：我也要拿肉丸子来砸你！

（老师什么都没说，但是脸上再次露出不高兴的神色）

第三个小朋友：我要拿一个抹了番茄酱的肉丸子来砸你！

接下来的故事可想而知，孩子们纷纷效仿，面对这样一群捣蛋鬼，老师简直是气不打一处来。

🌸 小贴士

小孩子有时会说一些他们认为幽默或难听的话来试探大人忍耐的底线。4 岁左右的小家伙尤其擅长这一"本领"。遇到这种情况，我一般都充耳不闻，除非好几个小朋友都纷纷效仿（就像上面那个例子一样），否则我会泰然自若地接着讲我该讲的事情。

不要让幼儿有机会打断你的计划，进而牵着你的鼻子走。一个行之有效的对策就是假装没听到他们说的话。更重要的是不要理会那些成心想让你难堪的小家伙。既然我们是师长，那我们就有权选择自己要理睬或要处理的事情。我们最好做出明智的选择。

前面讲的那位老师不妨试试以下方法来应对当时的局面：

☆ 索性接过孩子们的话，把"扔肉丸子"这个话题往好的方向引。老师可以问他们："你们认为动物园的小动物们平时会吃肉丸子吗？"或者："你们觉得熊喜欢吃肉丸子吗？"又如："你们认为动物园里的动物喜欢吃什么呢？"

☆ 也可以用孩子似的冷幽默对他们说："那你一定要在你的肉丸上面抹上巴马干酪。"当然，这个办法会使你和这些胡闹的孩子一样说一些异想天开的话，你也许很难——但并非不可能——再回到原来正在讲的内容上，但是，幽默不失为一种化解尴尬的好方法。在绝大多数情况下，一个微笑、一个笑话远比生气这种消极的方式管用得多。

即使是小孩子说了什么太过分的话，让你觉得必须制止，你也务必保持冷静，平静地否定他说过的话。你可以说："我不想听那样的话。"——说话的语气就像在讨论自己喜不喜欢吃花椰菜那样。其实，小孩子通常并没有真正理解自己所说的是什么意思，也许他们只是在重复电视上的台词，或捡某个哥哥或姐姐说过的话。但是他们会看到一个被激怒的大人其言行上的急剧转变。这样一来，他们就会突然觉得自己有某种很强大、很了不起

『你怎么就不能规矩点儿？』

的"本领"，几乎能够让所有人都甘拜下风。以后，他们就会经常拿出这套"杀手锏"。

　　　　智慧就是懂得应该忽略什么。

　　　　　　　　　　　　　　　——威廉·詹姆士（William James）

问问自己

　　☆ 我是否避免对孩子淘气的语言或挑战我忍耐极限的行为做出过度反应？

　　☆ 我是否想出了一些办法，将负面的情境转变为正面的？

26

不要期望过高

 没什么大不了的，并无恶意

现在是讲故事的时间了。伊利娅一个人在大家身后的地板上不声不响地打滚，而其他小朋友全都坐得直直的，认认真真地听故事。

突然，老师要求她："伊利娅，请坐好。"

伊利娅故意不理老师，仍然自顾自地打着滚。

老师又发话了："伊利娅，你必须像其他小朋友那样坐好。"

可她还是假装没听见。这时，一两个小朋友开始转过身来看她究竟在干吗。

老师只好放下手中的书，重复了一遍刚才的命令："伊利娅，你必须马上坐好。"

伊利娅丝毫不受影响，仍在继续打滚。现在，老师的故事被打断了，也没什么其他可以看的，于是，又有好几个小朋友转过身来看她在干吗。

无奈的老师只得再次拿起书，接着讲故事。

而当杰克注意到伊利娅后，心想这一定很好玩，便也跟着她打起滚来。他滚起来用劲多了，结果，撞到了查尔斯。查尔斯觉得老师的故事没意思，再加上旁边的干扰，他也加入到这场"打滚游戏"中。

老师忍无可忍，"啪"的一声合上书，对大家说："我看大家现在都不想再听这个故事了！"

☻ 小贴士

老师在和伊利娅说话时，无意中就把其他小朋友的注意力从故事上引开了。她这是在破坏自己的课堂。有的小孩也许心理上还不习惯大家坐在一起上课的情形，可以允许他们在离大家不远的地方安安静静地坐着，或独自玩耍。过不了多久，只要他心里愿意了，他就会靠近大家，看看大家在做什么。

不要仅凭某个小朋友没有坐直或没有盯着你的脸就认为他没专心。有些小朋友不能很好地集中注意力，但是，如果允许他们手上搞点儿小动作，或在座位上稍微动一动，他们反而能更好地听你讲课。

还记得一个很可爱的3岁小朋友让我懂得的一个道理。那次是我在给幼儿园的小朋友们讲故事。有一个小女孩总要去弄自己脚上的一根没系好的鞋带（在过去那个尼龙搭扣还没有出现的时代，系鞋带一事至少可以算得上一个让小孩子分心的原因）。我当时对她这种不听讲的态度感到很沮丧。然而，后来在吃点心的时候，我惊喜地看到她在和大家饶有兴趣地谈论我之前讲的那个故事。看来，小孩子有时是可以一心两用的。她一边系鞋带，一边听我讲故事不就是一个很好的例子吗？

？ 问问自己

☆ 我对幼儿个人行为的期望是否与他们的心智发展程度相符呢？我有没有要求他们必须专心致志，对我绝对服从呢？

27

尽量减少课堂规定

 规定

犹太教的"摩西十诫"和基督教的"黄金法则"是我们大家养成良好行为习惯的指导原则。在玻利维亚和秘鲁两个国家，根据古老的传统，在人们日常的寒暄问候中总会听到别人说："不要懒惰，不许撒谎，不能偷东西。"这些规定可以说在绝大多数情况下都可以用。

可是，我却觉得幼儿园的老师们在教室里贴出来的那些规定很可笑。因为大多数规定都很长，以至于老师们不能仅凭记忆就脱口而出。他们自己都还得走到粘贴处照着念，却要小朋友们记住这些规定。

小贴士

要想达到目的，这些规定就必须相当简洁明了。那些罗列了一长串"必须做什么"和"不准做什么"——从跑跑跳跳到吃吃喝喝的各个方面——的条例会把小孩子弄糊涂的。相反，措辞通俗易懂的告示语被记住的可能性则更大。例如，"要有礼貌"、"别人说话时要专心听"等。说实话，我从来没有在教室里张贴过一张课堂纪律表。

问问自己

☆ 我是否制定了太多要小孩子记住并且遵守的课堂规矩？

"你怎么就不能规矩点儿？"

28

帮助幼儿正确对待其他小朋友的侮辱

 "你真笨!"

亚当今年3岁，个头较小，为人很和气。一次，他在画架前兴高采烈地画画。他把深蓝色和浅绿色的颜料混在了一起，正在试混合后的色彩效果。沃尔特从他旁边经过时停下来盯着画看了一会儿，然后故意拿腔拿调地说："真难看!"过去，对于沃尔特的嘲讽和侮辱，亚当一直是忍让。但是，这一次他用妈妈曾教给他的话来反驳道："我不喜欢你这样说。你的话伤了我的感情，我很难过。"而沃尔特望着他，咧开嘴大笑，还毫不顾忌地大声喊道："真丑，你真笨!"这一次，沃尔特又赢了。

小贴士

既然人类社会的任何一个群体中都有喜欢中伤诽谤的"强者"，那么肯定就会有无辜的受害者。如果那些所谓的"强者"不能从一般的傲慢无礼中得到令自己满意的结果，那他们就会学着说更伤人的话来欺负别人。而不幸遭受欺负的小朋友将一直得忍受这样的侮辱，因为别人已经抓住了他的弱点，知道他不能有力地还击。

尽管我们应该尽力制止小朋友之间的语言攻击行为，但是我们也不必仔细地听完所有伤人的话。我们要做的就是让被欺负的小朋友相信那些话都是假的。与此同时，还应该教他们一些如何应对别人侮辱的办法。比如：

☆ 让恃强凌弱的小朋友不要再说那些难听的话；

☆ 对别人的无理取闹不予理睬；

☆ 一笑了之；

☆ 让欺负别人的小朋友知道他们这样很傻，很滑稽；

☆ 把那些话转变成笑话。

那些喜欢说话中伤别人的小朋友要是没有看到受害者一脸痛苦的样子，下次还会挑起事端的。所以，始终都会有一些好强的小朋友讥讽和折磨小伙伴。我们不仅要制止这些恃强凌弱者，还应该帮助那些弱小的潜在受害者学会有效地对付一些不可避免的侮辱。

语言的杀伤力是很强的——比任何一种刀子都厉害。

——特蕾莎修女（Mother Teresa）

问问自己

☆ 我是否会制止小朋友间的言语中伤行为？

☆ 我有没有教那些可能会被欺负的小朋友一些技巧和手段，使他们能独立、有效地还击那些喜欢说话伤人的同伴？

29

制止暴力

学空手道

当我的大儿子还在上小学时，他放学回家后总要跟我说自己被同学欺

负的事：要么，在衣帽间被别人推了一把；要么，在操场上被一个比他高大强壮的同学揍了一顿……在他多次抱怨后，我终于去找他的老师面谈了一次。他当时的老师已经任教20多年了。我十分敬重她的职业技能和教学经验，但是，我们谈话的结果却是她不可能在同一时间去跟踪或保护每一个孩子，我的儿子必须学会自己去应对欺凌。她还说因为我儿

子个子很小，所以很可能还会受到欺凌。于是，她建议我带儿子去学空手道。

小贴士

暴力是一个相当严重的问题，家长、老师及社会都必须严肃对待。我们三方应该携起手来，针对过分的行为制定一些严惩措施，并且要尽一切努力来防止弱小儿童受到欺凌。这些受害者无法进行自我保护。因此，要求他们靠自己的能力，或是通过学空手道，来应对别人的暴力行为，是行不通的。

问问自己

☆ 我有没有给孩子们定下行为规范?

☆ 我是否会及时制止暴力行为?

☆ 我是否和家长们一起为制止暴力行为而做出过努力?

「你怎么就不能规矩点儿?」

30

别以为年幼的孩子一定是无辜的受害者

 捣蛋鬼

我的大儿子偏爱一些比较安静的活动，比如下棋、玩拼图，还有读书（这个爱好应该说是任何一位老师都梦寐以求的）。而他那个只有一岁半的小弟弟却很活跃——他甚至觉得一个人待在一间屋子里都很难熬。他最高兴的事情就是和别人扭打成一团，再就是追逐打闹。因此，我这两个儿子似乎总是发生争吵，更糟糕的则是彼此拳脚相加。而通常的结果就是，我会被他们的打闹惊动。等我跑过去时，则看到要么哥哥追着弟弟打，要么哥哥骑在弟弟的身上，抡起拳头正准备打。最后，我终于弄明白了：每当小儿子感到无聊时，他就会跑到哥哥的房间；然后就开始调皮捣蛋，做鬼脸，或是其他任何捣乱的事情——只要能惹怒哥哥，让他来追逐自己就行。

我也曾像其他母亲那样处理这样的事情：要求哥哥懂事些，给弟弟树立好榜样，不要理睬弟弟的捣乱就行了。总之，似乎总觉得应该大的先做好。奇怪的是，我从没有注意到在我大儿子非常不情愿和非常生气的时候，我那个本是"受害者"的小儿子实际上正偷着乐呢。

遗憾的是，小儿子很快就掌握了这一恶作剧的"本领"，并在公共汽车站和其他一些地方加以应用。

☀ 小贴士

由于我总是认为当哥哥的不对，所以无意中就纵容了捣蛋鬼的行为。我的小儿子慢慢也知道了捉弄别人很好玩，并且没什么严重后果。要是大人抓到了比他年长的孩子，那么这些哥哥姐姐很可能会因此挨骂。

不用说，我们都很清楚：我的小儿子应该学会如何参与到一些有意义的活动中。现在回想起来，我真为自己过去没有站在大儿子那边来处理问题而感到很抱歉。

我们大人不应该总认为年长些的孩子就应该迁就弟弟妹妹，也不能总是要求他表现出忍让和更多的谅解。一个巴掌拍不响。出现问题了就得共同承担责任。

❓ 问问自己

☆ 我通常是否都会认为年幼些的孩子就是无辜的受害者？

☆ 我会不会觉得年长些的或强壮些的就应该为争端和打闹负责？

「你怎么就不能规矩点儿？」

31

看清小孩的用意

 唱首歌

劳拉是一个长得很漂亮的小姑娘。一双忽闪忽闪的大眼睛，几乎总让别人觉得她很友好。一天，小朋友们都坐在小桌子旁边吃水果和点心。劳拉把手伸到桌子中央想再拿一瓣橘子。可是，一不小心，把自己的果汁碰倒了，洒了一桌子。她马上用十分甜美而清晰的嗓音唱起了有关耶稣诞生时的摇篮曲（我过去还从来没有对打翻果汁采用这样的处理方式。过去没有，以后也不会）。等她唱完歌，我很郑重地告诉她："有时人们会因为不小心而打翻杯子，这没什么。我愿意和你一起来打扫干净。"

第二天，劳拉又从同班的小朋友那里抢走了一个很可爱的洋娃娃。那个小朋友一哭，她便又唱起歌来。试想：一个小孩在哭，而另一个小孩却在唱歌；为了湮没哭声，那歌声还越来越响亮。这是一种多么奇怪的场面啊！这（遇到棘手的问题时就哼唱一首宗教曲子）已经成了劳拉惯用的手段，好在她的声音很甜美。

🌼 **小贴士**

请留意小孩子在处理棘手的问题或讨好生气的大人时所使用的那些小把戏。他们可能会给别人一个拥抱，冲着你顽皮地笑一笑，向你鞠个躬，流点儿假惺惺的眼泪或拔腿就逃，更有甚者，还会唱歌。不仅如此，他们还知道每个大人还不尽相同，对某些大人管用的妙招对其他人就不一定奏效了。

问问自己

☆ 我是否注意到了小孩子为了哄骗大人而使用的一些小把戏?

☆ 在行为准则问题上，我有没有一视同仁呢?

「你怎么就不能规矩点儿?」

32

务必让孩子专心致志

 分散目标，各个击破

查尔斯和鲍勃是"哥们儿"。俩人好得一起上课，一起玩儿，甚至一起搞恶作剧。一次，他俩在教室里玩积木时闹个不停，影响了其他小朋友学习或玩耍，我只好找他们过来训话。我严肃地跟他们讲了很多道理，如注意安全，爱护公共财产，要与其他小朋友一起玩等等。当我对着查尔斯讲话时，他好像觉得我的话很好笑一样——这当然不是我所期待的结果——故意装模作样地望着鲍勃。既然对他讲话不起作用，我只好转过来教育鲍勃。可是，也没有任何成效。后来，我把鲍勃带到另一个较为安静的教室。我马上便发现，一旦和他的哥们儿失去了眼神交流的机会，情况就变了。此刻，他全神贯注地听我讲话，先前那种吊儿郎当的态度也消失了。所以，只要这两个所谓的"哥们儿"无法彼此进行眼神或言语交流，我的教育就会更有成效。

小贴士

小孩子有时候会从彼此身上得到一种我们称之为"逆反"的胆量。如果觉得自己的好朋友在支持自己，他们就很可能无视大人的要求或教育，一副天不怕地不怕的样子。通常情况下，我们得把犯错误的小朋友召集在一起进行教育，但是务必禁止他们通过眼神交流而从同伴那里得到反面的鼓励。

当你正在和某个小朋友进行严肃的谈话时，要注意你身后有没有什么会让他分散注意力的事物。如果有很重要的问题要讲，那就请你背靠着墙站着，这样一来，就没有什么能让这个小朋友分心了。

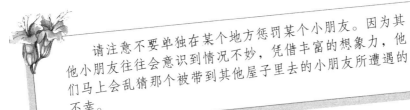

请注意不要单独在某个地方惩罚某个小朋友。因为其他小朋友往往会意识到情况不妙，凭借丰富的想象力，他们马上会乱猜那个被带到其他屋子里去的小朋友所遭遇的不幸。

问问自己

☆ 和小孩子交谈时，我是否会为了让他全神贯注而精心选择自己站或坐的位置？

☆ 当我正在惩罚某个违反纪律的孩子时，是否同时还兼顾着管理其他小朋友？毕竟，孩子们仅从观察别人的行为动作中就能学到好多有用的东西。

33

教孩子学会在生气和沮丧时不使用暴力

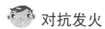

对抗发火

迪克正在兴致勃勃地玩自己最喜欢的玩具自动倾斜车。爱德华突然走过来，一把抢走了迪克的玩具车。迪克一下子就火了，抢起拳头就朝爱德华打去。老师赶紧飞奔过来制止这一场打斗。

小贴士

当一个小孩子要去打另一个小朋友时，通常是由于怒不可遏而导致的。气急败坏的他会认为打架就是自己唯一能做的。但是我们必须告诉小朋友们尽管生气是人的正常情感，但是打架总是不对的。

幼儿应该学会如何保护自己，并且在不借助拳头的情况下表达自己的愤怒。作为家长或老师，我们应该教会他们使用以下语言来表达自己的情感：

☆ 够了！不要这样！

☆ 别动！我正在玩这辆卡车呢，等我不玩了你再玩吧。

☆ 我在玩这个呢，你重新拿一辆。

问问自己

☆ 我是否教过小朋友们用语言来表达自己的愤怒之情呢？

34
引导孩子逐步解决问题

 罪与罚

3岁的泰勒故意冲向一堆摆好的积木，原本好好的积木瞬间飞得满地都是。我让他坐下来好好反省一下自己刚才的行为，而他却一本正经地回答："我不会反省。"当我问他原因时，他告诉我说："因为我妈妈还没有教过我怎么反省。"

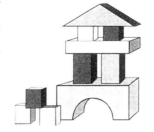

 小贴士

我们惩罚小孩子的目的是要他改正自己错误的行为。而在此之前，他还必须学会辨别什么是不正确的行为，然后才能明白应该如何改正。要让他学会正确的做法，我们就得让他先思考一下自己刚才做了什么，接着再一步步地引导他进行深入的思考，最后想出以后如何避免类似的问题出现。针对刚才的那个小故事，我们不妨问泰勒这样一些问题：

☆ 你现在是开心呢，还是难过呢？

☆ 是不是有什么人或什么事情惹你生气了？

☆ 你想要得到什么东西吗？

☆ 哪儿不对劲了？

等他回答了这些问题后，给他一点时间来想想解决办法。然后，你再

给出一些建议，做适当的解释，或问另外一些问题，帮他找到解决当前问题的办法。如果效果好的话，你还可以教他今后如何处理类似的问题。

☆ 有没有什么办法让你们一起玩这个玩具呢？

☆ 如果你需要什么东西，你可以向别人提出来。

☆ 你打别人的话，别人会很疼的。

☆ 要是有人惹你生气了，你得告诉他你的感受。

☆ 你能想出解决这个问题的办法吗？

☆ 你能不能想出解决这个问题的其他办法呢？

给小孩子机会去思考一些问题的解决办法是一个极好的教育途径——只要是以一种正面的、积极的方式，并且我们要注意让他思考自己的所作所为的时间不能太长。一般说来，孩子思考的时间和他的年龄一致：即3岁的小孩思考3分钟，4岁的思考4分钟……一旦超过这样一个标准，小孩子的思维又开始开小差了，或者又有其他什么事物引起了他的注意，他又有其他的事要做了。

父母应该知道：惩罚孩子时，若把孩子长时间单独关在他自己的小房间里常常会适得其反。因为孩子房间里的玩具、书籍之类的东西很快会让他觉得只是换了个环境和活动形式而已，并不是他该反思自己的行为的时候。反思的最佳时间就是当他刚开始感到厌倦，而又不至于对其他事物感兴趣时。

我们务必让孩子们明白：尽管我们否定那些错误的行为，但我们并没有否定某个孩子。

切记：使用惩戒措施是为了让小孩子学习，而不是为了显示大人的权力。如果给他的惩罚太严或惩罚时间太长，并没有积极的作用，也不能让他学到任何有益的东西。那句老话——"以罪量刑"并不适用于教育幼儿。

最具约束力的，也许是唯一真正有效的，就是自律。

——沃尔特·凯尔奇三世（Walter Kiechel Ⅲ）

问问自己

☆ 我是仅仅制止不好的行为呢，还是正确地引导幼儿进行思考，从而意识到并改正错误行为呢？

☆ 我是否注意到在否定某个错误行为的同时不要否定某个小孩子？

不妨试试

● 制作一个"情绪治疗箱"。当小朋友们生气或感到烦躁，但还没有失去控制时，可以用上它。这个箱子里应该包含以下物品：

☆ 橡皮泥

☆ 可以任意揉捏的东西，如一些较软的布偶

☆ 可以乱扔的东西，如豆子袋（儿童投掷游戏用）和碰碰球①

☆ 可以重重敲击的，如铁锤和钉子

☆ 可以随意撕的纸张

☆ 可以乱敲的鼓

● 鼓励小朋友们参加一些有益的身体活动：

☆ 做做操

☆ 给他们提供一个任由他们奔跑、跳跃和叫喊的地方

☆ 拿一些东西来踢着玩，比如装牛奶的纸盒、纸箱子和皮球等

☆ 给他们提供一个可以挖土的地方

● 给小朋友们读一些有关情感的故事，然后让他们进行讨论。

● 要说"不"时，请换个说法，使用正面的、肯定的语句：

☆ 很高兴你能和其他小朋友一起玩这些玩具

☆ 很高兴你能这么爱惜书本

☆ 你可以在操场上跑，但是不能在教室里跑来跑去

☆ 你可以滚动你的皮球，但是不能往教室里扔

---

① 碰碰球（Nerf ball）在国外用得比较多，是一种有弹性的撞球，经常用在一些课堂上的学生游戏中，做游戏的时候用来互相投掷。——译者注

☆ 你可以咬饼干，但是不能咬筒

☆ 约翰正在玩那个玩具，你可以玩另一个

☆ 这本书是我的，你可以到那边重新拿一本

☆ 吉姆正在玩这辆小汽车，很快就轮到你了。你可以一边等
   一边玩那辆小卡车

☆ 我们不能打别人，只能轻轻地碰别人的身体

三、"你愿意做我的朋友吗?"

——培养幼儿积极健康的自我形象,帮助他们掌握与别人相处的艺术

生活中有很多事情都取决于我们的自我评价以及我们和别人相处的情况。要想成为成功人士,我们就必须能和其他人相处得十分融洽。同样,幼儿也必须有一定的人际交往经历才能具备那些必要的社交能力,从而像成年人那样在商业领域、人际关系和社交方面获得成功。

我们所有人都必须学会像亲兄弟一样友好相处。否则的话,大家都会像傻子一样灭亡。

——马丁·路德·金 (Martin Luther King, Jr.)

35
积极健康的自我评价

👦 我不会

年仅 3 岁的特丽每次到幼儿园时总是站在一边，一直要等到有人走到她身旁帮她解开外套的扣子，再帮她脱下外套。可是，一旦要到户外时，她又为该怎么穿上外套而犯愁。她从来都不会尝试着自己穿衣服，总是要等到大人来帮忙。虽然穿衣服并不是什么了不起的大问题，但是它却反映了一种"我什么都不会做"的态度。这样的依赖心理竟然还出现在卫生间里。特丽每次都会坐在马桶上大声叫嚷："谁来给我擦呀?"一次，我听到她这样喊，便要求她自己做，而她却回答道："我不会。外婆说了我还太小。""我觉得你已经是一个大姑娘了。你可以自己做的。"我的反驳让她脸上露出一种很惊讶的神情。她其实很高兴听到我说她已经是大姑娘了。于是，她试着自己把该做的事情做了。之后，我还鼓励她回去告诉外婆，她已经长大了，可以做自己的事情了。

🌑 小贴士

特丽成长于一个问题家庭：爸爸妈妈在闹离婚。妈妈为了挣钱养家糊口，只好将她托付给外婆抚养。

外婆本意是想尽量多给小特丽一些关爱，这是无可非议的。可是这样却不经意地产生了一种负面影响——特丽在得到别人关照的同时对自己的评价很差，认为自己笨得一无是处。这样的溺爱正一点一点地毁掉她的自信心。

凡是自我评价（或自我形象）很差，并且觉得自己一无是处的幼儿都会产生失败主义者的心态。我们必须鼓励他们尝试着完成新的任务。有时，甚至要让他们面临失败的痛苦，只有这样，他们才能健康成长。如果二年级的小学生总说"我不会读书，我不会做数学题，我不会……"，慢慢地他就会形成"我是个失败者，我什么都不会"的观点。我们务必小心，决不能培养"自我放弃者"。

> 鼓励幼儿自己动手做事情，并对他们的能力表现出足够的信心。即使他们无法完成，也要让他们知道这没什么大不了，只要再试一试就能成功。

失败是残酷的，但是比它更糟的是从来都不为成功而付出。

——泰迪·罗斯福（Teddy Roosevelt）

问问自己

☆ 我有没有尽力让幼儿形成积极的自我评价，是否会根据他们自身的能力水平来鼓励他们学会独立完成任务呢？

☆ 我是否将失败看成是每个人都会遇到的正常现象，是否教育幼儿不要因为失败就灰心丧气？

你愿意做我的朋友吗？

36

提醒家长注意溺爱的危害

 尊贵的公主

　　同事小陈从小在中国的农村长大。她给我讲过一些在家乡的见闻，她还提到了中国政府实行计划生育政策所带来的影响。现在的小孩子再也不

用和弟弟妹妹争夺玩具或是在爸爸妈妈面前争宠了；再也不会因为有小弟弟或小妹妹在睡觉就得轻手轻脚了；再也不用出门去玩之前还得等着自己的弟弟了；再也不用为了吃饭该坐什么位置或看什么电视节目而争论不休了……现在的小孩子不需要学着跟别人分享某样好东西了。对他们宠爱有加的爷爷奶奶外公外婆

会不断地给他们优待。

　　听了这些，我不禁会思考这些小孩长大以后会成什么样子呢？每家只生一个孩子的政策对中国社会结构会造成什么样的影响？这是一个比较有意思的话题。

 小贴士

　　并不是家里只有一个孩子或经济条件很好的父母才会溺爱自己的孩子。一些父母的行为，包括溺爱孩子，从不对孩子加以限制，很少对孩子提出的要求说"不"，总是有求必应等，终究会被孩子误解为一种理所当

然的特权。美国著名心理学家玛丽·派佛（Mary Pipher）在一篇文章中曾讨论过"对于一个要什么就给什么的小孩而言，他的身心成长会受到怎样的影响"这个话题。她在文章中指出"这样的孩子注定会被宠坏，长大后孤芳自赏，不愿意付出辛勤的劳动，还会出现无法自控的问题"。

孩子在幼年受到什么样的待遇，在某种程度上会影响他们将来和自己的上司、同事、朋友、同龄人以及配偶之间的关系。我们务必让家长们明白一点，如果把自己的孩子当成王子或公主，那么他/她在成长的过程中就会对自己在社会中的真正角色产生错误的认识，而世界上的其他人是不会对这个虚假的"殿下"顶礼膜拜的。

问问自己

☆ 我有没有和家长们探讨过溺爱孩子，或者凡事都由着孩子的性子，会产生什么样的负面影响？

37

对每个孩子都表示赞赏

 常识

每当我有个什么想法或提出什么建议时，我母亲总是微笑着对我说："你看，你还是懂得一些常识的嘛!"我并不是要向朋友和邻居夸耀这种笑脸相迎的态度，而是打心底里觉得母亲对待我某方面天赋的方式让我受益匪浅。我一直尽力做到像她说的那么好，努力地想出一些新的更好的解决办法。而每次从母亲那里得到的一个笑容和那句"看，我就说嘛，你的知识很丰富"也让我倍加珍惜。于是，我渐渐相信自己总会成功。只要按照那些常识处理问题，不论是在学校还是在其他任何地方，我都能做得很好。

💠 小贴士

当一个孩子对自己充满信心时，由此而产生的影响是不可低估的。我们应该在每个孩子身上都找到某些我们认可并能经常给予支持的长处，突出强调某些他自己也很喜欢并能进一步发挥的优点。可以对他说"你善于思考"、"你很聪明"、"你能持之以恒"、"你很慷慨大方"、"你考虑事情很周到"、"你对人友好"或者"和你在一起很开心"之类的话。小孩子懂一些常识当然也是一件很不错的事情。

幼儿会从与他们接触的大人对自己的评价中形成自我评价。如果大人不经思考地嘲笑孩子或对他说一些否定的评语，如"你就是很笨"或"你真是没有半点儿优点（这是我最不喜欢的一句评语）"，那么他会永远相信自己就是这样的。他会将自己视为很坏很木讷的孩子，以后就按照这样的负面评价成长。谁又能真的就认为是他的错呢？归根结底，那是爸爸妈妈或哥哥姐姐一直对他说的。他们越是这样说一个小孩子的不足，越是无意中加强了他们想要批评的特性。

赞美之辞可以说得简单轻松，但是它所产生的影响却是非常深远的。

——特蕾莎修女（Mother Teresa）

 问问自己

☆ 我有没有在每个幼儿身上都找到一些可以称赞的优点呢？

☆ 我是否有意识地避免给幼儿一些不好的评价？

38

提供需要幼儿合作完成的活动

 慢慢认识你

我至今还记得我小时候独自去参加女童子军野营的事情。一开始我很害怕，因为一个人也不认识，甚至不知道该和谁说话聊天。

身为成年人，我们也许参加过一些我们仅仅认识少数几个人的社交活动或会议。这些少数人就成了我们到达活动场所之后首先交谈的对象。即使是成年人，单独和陌生人在一起也会令人感到有些尴尬和紧张。

小贴士

在幼儿刚入学的阶段，我们应该尽可能多地安排一些他们和其他小朋友交往的机会。我在孩子们的第一节音乐课上就教他们一起唱一首边跳边唱的歌。我告诉那些准备跳跃的小朋友一定要牵着彼此的手。也许让小孩子们在一起嬉戏跳跃是让他们认识彼此的最好方式。我让他们把这首歌反复唱了几遍，每一遍都让他们与不同的小朋友牵手跳跃。

其他可以让小朋友一起合作完成的活动还有：

☆ 教他们唱《划船歌》时，让他们假装和自己的搭档在划船。

☆ 唱《一只小蜘蛛》时，让每个小朋友伸出一只手来比画小蜘蛛的动作。

☆ 下面是一首边唱边比画动作的歌曲，讲的是一只小兔子从洞穴里跳出来。在唱这首歌的时候，让一个小朋友用手指比画小兔子的动作，而用另一个拳头表示洞穴。以下是歌词：

有一只长着奇怪耳朵的小兔子，

（竖起两个手指当兔子耳朵）

这是它在土里的洞。

（将手指弯成洞穴的样子）

一听到有动静，它的耳朵就颤动，

马上又跳回自己的小洞。

（做一个小兔子跳进洞里的动作）

每天，不管在什么时候，都要给小朋友们安排一些有助于他们学会和其他人合作的活动。不能只是在孩子们刚入学的阶段安排这样的活动，这些活动是很重要的，我们应该在孩子们上学期间经常组织。

 问问自己

☆ 我是否在幼儿上学的整个过程中都组织了要他们合作完成的活动呢？

你愿意做我的朋友吗？

$$39$$

鼓励幼儿积极地与同学互动

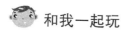 和我一起玩

本学年刚开始的时候，4岁的康妮大部分时间都在和其他小朋友玩"过家家"或者做手工。她玩得很开心。11月才来上学的爱丽丝也很喜欢玩"过家家"和做手工。所以，大家很自然地认为康妮和爱丽丝一起玩是理所当然的了。而事实上，这并不可能。只要是爱丽丝过来了，康妮就会马上从她正在玩的任何一种游戏中走开。渐渐地，康妮大部分时间独自坐在一边，心不在焉地翻着书刊。她的行为似乎很难理解，直到我告诉她爱丽丝只能坐在轮椅上生活学习时，她才释然。

小贴士

有些小朋友与有特殊要求的同伴交往时会感到尴尬，甚至是恐惧，这并不罕见。他们常常无端地惧怕和误解这样的同伴，以及他们所面临的困难和所使用的器械。这些问题必须得到正确的解决，同时应该多提供一些让双方进行积极互动的机会。只要正确地教导孩子们，他们就能学着接纳别人，关心别人，并且助人为乐。

☆ 教师的角色是相当关键的，她应该起示范作用。通过教师言行举止的示范，小朋友们就会慢慢地接受班上那些有特殊需求的同学。

☆ 我们应该鼓励那些有特殊需求的小朋友尽量去参与所有的班级活动。

☆ 支持小朋友们平等地对待那些有特殊需求的同学，将他们视为帮助的对象，但是又不能像对待婴儿那样。

问问自己

☆ 我在接受那些有特殊需求的小朋友方面有没有起示范作用？

☆ 小朋友们对那些有特殊需求的同学及其使用的器械感到好奇，这个问题我有没有正确处理好？

☆ 我是否促使小朋友们逐步了解班里的每一个同学，并与之交往？

40

创造幼儿互相帮助的机会

 **滑雪用具**

尽管我认为自己算得上一个拉拉链和穿靴子的行家里手，但是要让一大群孩子穿戴整齐去户外活动对我来说还是一项大工程。给他们穿上滑雪衫、靴子、外套，再戴上帽子、手套所花的时间就跟他们在户外玩耍所用的时间一样长。在我看来，最困难的事不是给他们戴上手套，而是：

1. 让孩子们记住一定要先拉上外套的拉链或扣上纽扣，再戴上手套。若是顺序颠倒了，就没那么容易了。

2. 一边要给一个孩子穿靴子，一边还要招呼另一个已经穿戴整齐的孩子不许捣乱。另外，我发现了一个很不公平的现象——那些平时上课自制能力差的小朋友总能自己把帽子、靴子和夹克衫穿好，而且一切似乎是在眨眼的瞬间就完成了。

小贴士

与其让那些已经戴整齐的小朋友坐在一边等着，不如让他们来帮帮忙。让那些会自己穿靴子或拉上拉链的小朋友来帮助他们的同学穿衣戴帽。

这是一次很有意义的社交经历。想想看，帮助别人穿上靴子的过程需要两者之间多少配合与默契呀。由此，被别人帮助的小朋友不但学会了要接受来自同龄人的帮助，还学会了应该主动向他人寻求援助。

而那些给予别人帮助的小朋友则学会了如何向别人伸出援助之手，以及如何将自己的技能运用在积极有益的方面。帮助别人的使命感和愉悦感是相当神奇的社交体验。但是，尽管如此，你还是别忘了提醒每一个孩子：手套是在临出门之前才戴上的。

问问自己

☆ 我有没有设置一些幼儿可以互相帮助的情景呢？

☆ 我是否鼓励那些在某方面比较能干的幼儿去帮助其他不会的小朋友呢？

你愿意做我的朋友吗？

41

当孩子开始懂事时，
要营造鼓励大家分享的氛围

这是我的

在幼儿园里两岁小朋友的班上，那些放在水里的塑料玩具曾一度引起小朋友之间的"争夺之战"。奥莉维亚和科比为了争夺那个班上仅有的大水壶而发生的叫嚷、推搡和拉锯战似的比拼是老师不曾预料到的。本来玩这些水中的玩具通常都能让孩子们处于比较安静和平的状态，而绝不会出现像他俩那天争抢的场面。

小贴士

任何一个成年人，只要是看管一群不到 3 岁的小孩子，都应该立即意识到：要这样一群小家伙分享某样东西几乎是不可能的。不管怎么说，一个年仅两岁的小孩子信奉的口号就是："这是我的，我的，我的！"他深信任何一件他看到的或接触到的物品都是属于他一个人的。因此，我们最好别指望他们能有什么慷慨大方的举动——他们根本不可能慷慨。一个大水壶应该算是一堆水上玩具中相当好玩的玩具了，但是如果不能同时给他们提供几个的话，那肯定是会惹麻烦的。因此，多给孩子们提供一些杯子和勺子之类的玩具是上上策。

当我们管理一群年纪非常小的幼儿时，一定要确保物品足够满足每一个幼儿的需要。否则，一些小朋友很可能会因为争夺某样物品而生气、争吵和打架。

一旦过了这样的年纪，幼儿就能够，而且也应该，学会和别人分享。只要他们开始懂事了，我们就应该想一些办法来营造一种鼓励大家分享好东西的氛围。例如：

☆ 如果你准备让一群 4 岁的小朋友玩面团，请不要一次就给每个人足够的量，最好是只给他们实际需求量的一半，促使他们一起分享手里的面团。

☆ 孩子们玩橡皮泥的时候也可以让他们学会分享。如果一群小朋友已经在玩橡皮泥了，这时走过来一个小朋友，那你可以让大家和这个新来的小朋友一起玩。也许有的小孩只会分给这个后来者一丁点儿（在这个年龄段，有的就只能做到这样），然而还是有一些比较慷慨的小孩——我们应该为此感到欣慰。当然，作为成年人，你应该在班上郑重地表扬他们这种分享行为（但是，万一遇到一群很吝啬的小孩，怎么办呢？为了保险起见，你还是事先准备一些多余的橡皮泥以备用）。

问问自己

☆ 在看管一群两岁的小朋友时，我有没有给他们足够多的物品？

☆ 对于小孩子学会分享这个问题，我是否对他们抱有和他们年龄相当的期望呢？

☆ 当小朋友们开始懂事时，我是否为他们营造了鼓励他们分享的氛围呢？

你愿意做我的朋友吗？

42

做一个好榜样

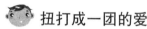 **扭打成一团的爱**

乔依是一个矮小但长得很结实的 3 岁小男孩。他很喜欢和别人玩摔跤。每当他想和别的小朋友一起玩的时候，他总是要把别人按倒在地。每次他都是一副笑容可掬的样子，即使是他要去"袭击"班里的某个男孩。班里的其他孩子并没有把他的行为看成是善意之举，大家很快就厌烦了遭到他的攻击和伤害，我当然也不例外。大家都对他敬而远之，不和他一起玩。

小贴士

当我和乔依的妈妈谈起这个情况时，她一下变得很紧张，她简直无法接受这样的行为是自己的儿子所为。因为儿子是一个非常乖、非常有爱心的小家伙。我便问她平时是怎么向乔依表达母爱的，她回答说"拥抱、亲吻，还有握握孩子的手"。我又问："那乔依的爸爸是怎么做的呢?"这一问让她很是吃惊，但是她的回答正是问题的关键。

原来，乔依的爸爸是个很有男子汉气概的人。乔依早就从爸爸那里学到了很多有关棒球、篮球和足球的知识。爸爸很喜欢儿子。父子俩经常在地板上扭成一团，假装是在摔跤。我问他爸爸是不是以一种很温柔的方式对待儿子，得到的答案却是否定的。由此看来，乔依爸爸认为：男士亲吻或拥抱女士是无可非议的，可是男士与男士之间就只能用这种扭打成一团的方式才能向对方表达出自己的友好情感。难怪乔依一心想着要把自己的同伴打倒在地，他的爸爸就是他的"榜样"。

婴幼儿会观察并模仿父母的言行。父母如何与别人打交道，如何解决争端，如何应对压力以及怎样表达对别人的尊敬和友好情感等等，这些都在他们的严密观察之中。

榜样不是影响他人的主要因素，而是唯一的因素。

——艾伯特·史怀哲（Albert Schweitzer）

问问自己

☆ 我自己是一个好榜样吗？

☆ 我心中有没有牢记一个事实，即幼儿总是在观察我和我对待家长、同事及其他小朋友的态度和方法？

43

让幼儿有机会自己解决争端

 当裁判

　　我小时候曾在纽约市布鲁克林的威洛比大街上玩棍子球（孩子们在街巷内玩的一种类似棒球的游戏）。当时的街道中心就是我们的球场，街中心的下水道井盖成了本垒板，沿街的下一个下水道井盖就是二垒。而一垒和三垒，则是那些停在路边的汽车上的轮子。只要路上没有过往的车辆，我们的球赛便开始了。亮红灯的时候，还可以勉强让几个击球手轮到碰球棒的机会。但是一旦亮起绿灯，我们就不得不放弃那球场等着下一次红灯。

　　每次比赛之前的第一件事就是选出每个队的队长。其中一个队长通常是那个拿出自己的球和球棒给大家玩的小伙伴，而另一个队长则是由扔硬币来决定。

　　但是就算比赛开始了，双方也常常会由于不服裁判的决定而产生争执。比如：

　　"这个球算不算犯规呀？"

　　"乔伊起初是安全上垒，还是出局呀？"

　　"这个球被打得那么远（实际上已经超出球场的边界了），算不算本垒打呢？"

　　以下是我从我们解决争端的方式中学到的一些有用的经验：

　　☆ 拿出自己的球给大家玩的那个人会发话："这是我的球。我刚才那

是安全上垒。如果不算的话，我就拿着我的球回家了。"（说明所有者是有话语权的）

　　☆ 个子稍微高大结实的家伙也会大声地叫嚷道："那么上一次我也应该算是安全上垒。"一边说还一边在大家面前晃动着拳头。（可见会有人恃强凌弱）

　　☆ 有时，也会有三四个小伙伴联合起来对付那个恃强凌弱的大个子。（所以团结的力量大呀！）

　　如果像这样争论半天后还不能解决问题，我们就会重来一次或者扔硬币决定谁是谁非。因为我们大家都很清楚：我们真正期望的就是让比赛继续进行，为了这个目标，我们会想尽一切办法来解决出现的问题。虽然我当时并不理解这样一个道理，但是在威洛比大街上的棍子球比赛给我们提供了一个绝好的学习社会知识的机会。

✸ 小贴士

　　我总是尽可能地鼓励小朋友们学着独立解决一些他们自己的问题。如果他们对自己解决后的结果基本上满意的话，我就不会再插手。我得尽量避免充当他们的裁判。通过亲身经历这样讨价还价、妥协让步的过程，并按照他们自己得出的解决办法来做事，幼儿就能学会如何与别人相处。

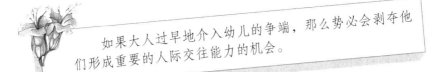

如果大人过早地介入幼儿的争端，那么势必会剥夺他们形成重要的人际交往能力的机会。

? 问问自己

　　☆ 当幼儿出现争执时，我是过早地介入呢，还是先控制局面，让他们试着独立地解决问题呢？

44
提供玩具，
鼓励幼儿户外活动时进行人际交往

 能载我一程吗?

小朋友们户外活动时最喜欢的一个游戏就是乘坐大篷车。当一大群小朋友挤在一辆大篷车上时，所有争论的焦点都指向两个问题：一是大家应该怎么安排座位，二是谁有足够大的力气来拉车。要是拖车太满，就得有人主动下车，或者是他们自己决定哪个小朋友在后面帮着推。总之，光是让载满"乘客"的拖车往前走这件事，就需要大家积极的配合。

小贴士

幼儿园的教职员工千万不要太积极了，主动帮小朋友拉车。诚然，有时我们应该参与其中，但是玩了一段时间以后，我们就要多鼓励孩子们自己来拉车，让他们轮流当乘客和车夫。难免会有小朋友总想当乘客，坐在车上像个骄傲的王子或公主。即使是这样，那些拉车的小朋友拉了几次之后就会干脆走开，让那些所谓的"乘客"坐在车上干着急。这正好从客观上给大家上了一课，即应该轮流着做事。

当我们在购买户外活动器材时，要尽量选择一些能促进幼儿相互合作的。我认为大篷车和带有载人平板的三轮车比一般的单人小三轮好得多。

如果打算给幼儿提供一些需要合作才能完成的户外活动，你可以借助一些道具来增强戏剧效果。例如下面这些场景：

☆ 洗车场

☆ 车库

☆ 加油站

☆ 玩具小摊

☆ 咖啡店

☆ 机场

☆ 汽车站或火车站

☆ 运货卡车

☆ 快餐店提供的"免下车点餐"服务

问问自己

☆ 我有没有给幼儿准备一些能促进他们相互交流与合作的户外活动器材？

☆ 当大篷车上坐满小朋友时，我是直接去给他们拉车呢，还是鼓励小朋友们齐心协力自己想办法把车开动呢？

45

既要激发幼儿的表演兴趣，又要及时退出

 知道何时退出

霍利伍德太太教一群 3 岁的小朋友。她很喜欢让小朋友们表演戏剧——小孩子玩"过家家"。你经常能看到她坐在孩子们玩"过家家"的那个区域。每次她都能吸引一大群小朋友：要么忙着准备她喜欢吃的菜肴，要么根据她的指令做事。他们甚至还会扮演一些外出旅游或举行婚礼之类的情景。大家总是玩得很开心。因此，大家参与的热情很高。只要有她在，"过家家"似乎都会取得圆满成功。

小贴士

好的教师就像吸铁石一样，不论走到哪儿，都有小孩子追随其后。这位明智的教师正是利用了这一天然的引力将孩子们吸引过来，然后帮助他们投入到活动当中。我们可以借助幼儿在戏剧表演中的角色模仿，告诉他们可以进行一些探索和思考。但是，如果教师介入他们的表演太久的话，最终就只能由这位教师来指挥整个表演过程，或者她在其中唱主角。

我们大人所要做的应该是激发幼儿的兴趣，然后慢慢地从表演中脱离出来，好让幼儿有机会去探索和发挥。当整个表演完全由他们自己来掌控时，最好的学习效果就显出来了。这恰恰是幼儿自己的想法喷薄欲出的时候。

表演游戏教给幼儿的知识是单纯的课堂讲解所不能及的。幼儿在表演过程中真正学到了社交技能，学会了如何与同龄人交往。不论是向别人做出让步，领导和指挥别人，接受和听取别人的意见，还是对某些自己不喜欢或无法控制的事情弃之不理，这些都是他们能在表演中学会的。看来，锻炼才能的最佳地点就是我们的表演区域。

不要从头到尾都是教师和学生互动的形式。其实，退而远观也是教师工作的一个重要组成部分。你在单纯的观察过程中就能了解到很多信息。定期而频繁的观察不仅有助于你发现每一个小朋友的兴趣、长处和不足，还能帮你正确地判断他身心发展所达到的水平。同时，你可以利用这些信息来备课。

问问自己

☆ 我是否会为了指挥和掌控幼儿的表演游戏而总是参与他们的表演？

☆ 我是否会尽早从表演游戏中退出，以便让幼儿独立地表演？

☆ 我有没有鼓励幼儿多参加表演游戏以培养他们的社交技能？

☆ 我有没有定期观看幼儿的表演，根据表演情况评估他们的进步，并制订出符合他们的发展水平和满足他们的需求的课程计划？

「你愿意做我的朋友吗？」

46

让幼儿在表演游戏中享有私密和自由

我要当妈妈了

我所教的一个班在前几天的课堂上一直在讨论有关医生的话题。小朋友们手上有听诊器、照 X 光的仪器、口罩、绷带以及其他一些医疗设备——这些都是他们在表演游戏时可以利用的道具。在我的幼儿教学生涯中，下面这样的情形只出现过一次，但是对我来说，这一次已经足以说明某些问题了。

4 岁的朱莉几乎每次都要参加表演游戏。她最喜欢的一身行头就是一条镶有蕾丝花边的大红色缎子裙，裙子的下摆长得已拖到地上了，再配上一双高跟鞋和其他珠宝首饰——总之，能往自个儿身上戴的她都戴上了。一天，她在游戏时突然撩起自己红色的长裙，把手里的一个洋娃娃塞进去放在肚子上面，然后放下裙子，对大家宣称自己要当妈妈了。过了一会儿，比利走过来了。他一眼看出朱莉衣服下面鼓起的一团，便问朱莉："这是什么？"朱莉向他解释说自己要当妈妈了。比利又问他可不可以当医生。朱莉答应了，而且马上就躺在了地毯上。只见比利小心翼翼地撩开她的裙子，取出娃娃，体贴地把裙子恢复原样，最后把那刚取出来的娃娃抱给朱莉看。他俩的表演引起了一种"潮流"。很快，另外六个"孕妇"模样的小朋友（其实都才 4 岁）就在教室里来往穿梭。洋娃娃还成了供不应求的玩具。幼儿园的园长看到此情此景后，忙问我究竟在教孩子们什么内容。

☀ 小贴士

可以肯定，大家都能猜到朱莉的妈妈那段时间正好怀孕了。朱莉正是借助表演游戏来理解现实生活中所发生的事情。因此，表演游戏能帮助幼儿明白一些很重要的问题，对自己和生活有更多的了解。我们给他们提供的游戏环境一定要允许他们享有私密和自由，从而在表演过程中进行探索。

☆ 务必在表演游戏进行的区域内安装一面大镜子（当然应该是能防碎的）供孩子们使用。

☀ 问问自己

☆ 我是否赞成利用表演游戏来帮助幼儿理解有关这个世界的一些问题和道理呢？

☆ 我有没有让幼儿在表演游戏中享有必要的私密和自由呢？

☆ 我是否对幼儿的表演不发表个人意见？

不妨试试

● 策划一些需要幼儿齐心协力完成的活动，例如：

☆ 一起给一个大箱子涂上颜料

☆ 一起装饰一幅巨大的壁画或给壁画上色

☆ 共同装饰一个手偶表演舞台

☆ 用许多空的瓶瓶罐罐组成一个图腾柱，每个小朋友都在上面绘制图案

☆ 一起准备好吃的食品

☆ 共同布置一间节日所需的屋子

● 在操场上可以提供以下合作游戏：

☆ 一起堆一个雪人

☆ 把落叶堆到一起

☆ 全体出动挖一个大坑

☆ 把操场彻底打扫干净

☆ 开垦一个花园

☆ 一起扎一个稻草人

● 让几个（或两个）小朋友合作完成一些动作。比如，让两个小朋友同时从一处走到另一处，走的过程中要完成以下动作：

☆ 手牵着手朝前走

☆ 两人面朝着对方，同时左右手分别相握

☆ 两人背靠背，同时左右手分别相握

☆ 一起端一个托盘，上面放一个盛满水的杯子

第二辑　建立良好的家—园关系

四、"妈妈，请不要把我一个人留在这儿!"

——帮助家长和幼儿做好上学的思想准备

九月是我最喜欢的月份之一。因为到那个时候，炎炎夏日已经结束了，秋高气爽，就算一直待在室外的操场上也没关系。身为教师，我总是憧憬着新的学生、新的家庭，甚至新的教室和新的桌椅摆放格局。但是所有这些能让我兴奋不已的事物却会令家长们很头疼。他们满怀疑虑："我的孩子在幼儿园会有朋友吗？他会喜欢他的新老师吗？他能学到什么知识呢？一切会像去年一样顺利吗？"

当然，对于那些第一次上学的孩子或第一次经历这种分离的家长来说，这些问题和担忧尤为突出。教师必须协助家长和小朋友在入学之初有一个良好的开端。

47

如何减少新入学幼儿的离别之苦

 充满关爱的社会

我开车时听到广播里的一段广告。一位女士用十分悲伤而温柔的语气说："妈妈现在必须上班去了，你要乖，啊?"紧接着就是一只小狗汪汪大叫的声音。广播电台的主持人对前面的片段评论道："母婴分离会产生焦虑，也会导致不良行为。现在就请拿起电话打给你的兽医，让他教你如何训练宠物。"

听过这个广告之后，我不禁想也许也应该播一段类似的有关幼儿的广告。刚刚入学的幼儿因为和自己的父母分开而产生所谓的"分离焦虑"，这是再正常不过的事了。遗憾的是，一些家长一旦决定利用托儿所或幼儿园来照看孩子，他们就会抱着一种"宝剑锋从磨砺出"的态度。他们相信经过一定的磨炼，小孩子一定会很快自己就适应幼儿园的。

小贴士

在幼儿入学之前，老师应该写一封信给家长，指导他们如何有效地将分离之苦减少到最低程度。其中至少应该包括以下几点建议：

☆ 在家里提到老师的时候都使用赞扬的口吻，从而表现出家长对老师和学校教育的信任。比如，你可以说"格温老师喜欢在教室外面做游戏。她总是带着很友好的微笑。我听说她很爱帮助小朋友。我觉得她就像我们家的表姐简一样好，我很喜欢她"。

☆ 和你的孩子说说他班里的小朋友，同时要提到那些小朋友的名字。

☆ 和你的孩子谈谈有关幼儿园的事，比如那里的颜料、橡皮泥、玩具、果汁和饼干等。

☆ 带上你的孩子去幼儿园参观参观，让他接触一下那里的老师和小朋友。

☆ 告诉你的孩子当他在幼儿园的时候你在何处，在做什么。

☆ 让你的孩子知道你会想他。这是无可非议的一种真实的感情流露。

☆ 你送孩子上学的同时顺便捎上一件可爱的玩具或一张毯子——这是能给他带来心灵慰藉的。

☆ 请尽量按时接他回家。

问问自己

☆ 我有没有给家长提供详细而具体的建议，以便使他们清楚如何帮助幼儿和全家在孩子上幼儿园之前就顺利地适应上学这件事？

☆ 我有没有意识到幼儿和父母分离是一种很痛苦的经历呢？

四

「妈妈，请不要把我一个人留在这儿！」

48

在幼儿入学前就和家长建立联系

 是谁的分离之苦？

　　在孩子上幼儿园之前，J 太太就向我提出自己能否一直留在教室里以确保她女儿能很好地适应幼儿园。她还给我解释原因，说她家里最近发生了很多重大变故。她很担心仙蒂（她的女儿）不能适应学校的生活。他们一家刚从另一个州搬到这里来，仙蒂的父亲刚找到一份新工作，她上个月刚给仙蒂生了一个小弟弟。与此同时，她家的厨房正在全面改装。这一切在我听来就像是不堪忍受的重负一样。这位母亲需要精心照料全家。于是，我答应让她留在教室里，一直到她女儿习惯了幼儿园的生活为止。

　　年仅两岁的仙蒂来上幼儿园时腰间别了一个工具包，表现得好像见什么就要修理什么。事实上，她很轻松顺利地就习惯了这里的生活和学习，而担心焦虑的却是她母亲。不过，在对我们的照料以及专业人员进行了几天的仔细观察以后，她终于如释重负地把女儿仙蒂交给了我们（我想，她家厨房里再次通电这件事也是促成她做这个决定的一个原因）。

小贴士

　　我们决不能低估了亲子分离给家长们造成的压力。只有当他们对学校、教职员工和教学安排都感到满意了，他们才会放心地离开。一旦他们有一点疑虑和担忧，他们都会把自己的焦虑传达给孩子，这样一来，幼儿要想尽快适应学校就更难了。

☆ 你不妨在开学之前召开一次家长会。会议的目的在于告诉家长们应该对幼儿抱有怎样的期望，以及如何处理亲子分离所带来的焦虑感。务必尽量与家长建立一定的联系，让他们知道你很乐意为他们的孩子系鞋带，擦鼻涕，哄孩子开心，为孩子换下湿裤子等。总之，你会尽一切可能从各个方面去关心照顾他们的孩子。

☆ 如果可能的话，你还可以在幼儿入学前去他们家里拜访一下，借此与幼儿建立良好的关系。

问问自己

☆ 我是否在幼儿入学之前就尽量和他们的家长建立一定的联系呢？

☆ 我有没有单独约见或者至少打电话与家长进行交流呢？

☆ 我是否认为每个幼儿和他的家庭都各有其特点呢？

☆ 我是否尽了一切努力来说服每位家长和每个孩子，请他们相信我会帮助他们圆满地解决任何可能出现的问题？

四

"妈妈，请不要把我一个人留在这儿！"

49

建立和家长沟通的良好方式

对于听到的话，不要全信

丹尼来我任教的班级（都是 4 岁的小朋友）上课已经有六个月了。他是一个很安静、很容易满足的小家伙。我都不记得他何时闹过，何时打过架了，甚至都没听到过他对其他小朋友高声说话。他的母亲艾伦也是一位非常友好、平易近人的家长。她总是主动地为班里的计划和活动出谋划策。丹尼的父亲鲍勃，有收集雨花石的爱好。他还拿出自己珍藏的"宝贝"供班里的小朋友们欣赏。除了丹尼，他们还有两个年纪更小的儿子。但是这两个孩子——都是混血儿——是从其他有着不同血统的父母那里收养的。有意思的是，艾伦是白种人，而鲍勃是非裔美国人。

一天，丹尼一来幼儿园就给实习老师讲了一个很可怕的故事。他讲的是一个不喜欢黑人小孩的奶奶，说她"曾经把南希从楼梯上踢下来"。他讲着讲着，自己也变得很紧张害怕，"就因为这个，屋子里的大人们又是打又是吵。那个小女孩受了伤，还把一只胳膊摔坏了。她的妈妈不得不带她去看医生"。从当时的情景看得出那个实习老师被他的故事吓坏了。我猜她得出的结论一定是丹尼讲的故事就发生在丹尼家里。我走过去问丹尼昨晚是不是看电视了，他回答说："是呀，那个节目里的奶奶真的很可恶！"

据我所知，丹尼的爷爷奶奶早在几年前就已经去世了，他也没有任何姐妹。他所讲的那个故事正好是我头一天晚上也看了的一个电视剧的情节。那个电视剧从晚上 9 点播到 10 点，非常惊险刺激，但是，当然不适合像丹尼这么大的幼儿观看了。

小贴士

为了避免产生问题和误解，家长和教师应该保持积极的交流与沟通。我在家长会结束时对家长们说："幼儿很容易混淆事实与虚构的故事。不论是我们当老师的，还是你们做家长的，都必须牢记这一点。让我们双方多沟通，千万不要对幼儿所说的有关学校或家里的任何话轻易下结论。"

虐待儿童是相当严重的问题。按照法律规定，我们应该及时举报虐待儿童的可疑情况。这样的问题必须得到及时而周到的处理。

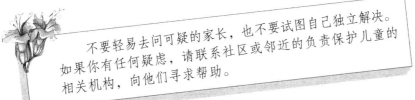

不要轻易去问可疑的家长，也不要试图自己独立解决。如果你有任何疑虑，请联系社区或邻近的负责保护儿童的相关机构，向他们寻求帮助。

问问自己

☆ 我有没有努力和家长们建立良好的沟通方式呢？

☆ 一旦出现儿童被虐待或照管不良的情况时，我是否知道应该向什么机构举报和寻求帮助？

四

妈妈，请不要把我一个人留在这儿！

50

协助家长顺利离开孩子

 离开幼儿园

大多数幼儿在听到"妈妈（或爸爸）现在必须走了"这句话时，都会马上又哭又闹。当然，幼儿哭闹的严重程度主要取决于幼儿自身情况和他的年龄。父母会因为不忍心离开自己的孩子而感到进退两难。有时，一些家长为了不引起小孩的哭闹，误以为只要在孩子没看见的时候迅速离开就万事大吉了，而我们都知道小孩子最终还是会发现自己的父母离开了。由于爸爸妈妈没有郑重地跟自己说再见，小孩子同样会为他们感到担心害怕——因为他不知道大人究竟出什么事了。

 小贴士

我们应该给家长们提供帮助，告诉他们一些行之有效的从幼儿园"逃离"的策略。应该提醒他们注意不辞而别对小孩的不良影响，鼓励他们说一些能让小孩安心的话，如"等你睡完午觉妈妈就会回来的"、"等外面天黑了，妈妈就回来了"等等。

☆ 请记住，"妈妈很快就会回来的"这句话可以有很多种理解方式。大人所谓的"很快"远远不同于幼儿对它的理解（他们通常会以为不超过

60 秒钟）。

☆ 幼儿能从日常活动中得到些安慰。以下则是家长们可以用来顺利离开幼儿园而做的一些"例行动作（或事件）"：

离开之前和孩子一起拼一个拼图；

离开之前带着他一起看看书；

养成一种特殊的离别前的习惯，如一个特殊的拥抱，或是一个特别的吻（可以先吻他的小脸蛋，然后吻一下他的鼻子），或是和他握握手。

☆ 建议家长们在即将离开时，用言语和身体语言告诉孩子，爸爸妈妈相信他能在幼儿园度过美好的一天并且得到很好的照顾。

问问自己

☆ 我是否帮助家长找到某种有效的离开办法，而不是为了幼儿不哭闹就让他们欺骗孩子偷偷离开？

四

"妈妈，请不要把我一个人留在这儿！"

51
鼓励家长留在孩子旁边

 跳一跳，但不是为了好玩

两岁的玛丽莎上幼儿园还不到一个星期。只要她一感到自己被别人"监视"着，助教帕姆就会想尽一切办法去安慰她，哄她。原来，玛丽莎不经意地朝窗户望去时，发现了匹克太太（她的妈妈）的脸，但是马上又消失了。她便一直盯着那窗户看，几秒钟以后，妈妈的脸又出现了，同样又马上就消失了。这一隐一现就像匹克太太在跳弹簧床一样。帕姆不知道究竟是怎么回事，便把情况告诉班上的老师，请她往窗外看看。果然，过了大约 10 秒钟，匹克太太的脸又在那儿出现了，然后又消失。可怜的匹克太太啊！她最初假装离开了幼儿园，然后又匆匆跑到教学楼后面，从女儿所在教室的窗户上"偷窥"里面的情况。由于我们幼儿园的操场是有坡度的，所以她不得不跳起来才能看到自己两岁的女儿在教室里的表现。

我曾亲眼目睹家长们"狠心"地"丢下"哭闹的孩子，钻进汽车里，自己再失声痛哭起来。在接下来的几个小时里，孩子的哭声还会萦绕在他们的脑海中。

 小贴士

作为教师，我们深知幼儿通常在家长离开后不到 5 分钟就会平静下来，乖乖地和老师合作，参加幼儿园的活动。为了使那些妈妈放心，我们不妨鼓励她们在另一间教室或附近的走廊上（但是不能让孩子看见）等五六分钟再离开。不再听到孩子像自己离开时那样哭闹，对家长来说，意义重大。

> 另一个使家长放心的方法则是用摄像机拍下小孩子在家长离开5分钟以后的情况。这样一来，家长们可以通过录像亲眼看到"离别之苦"其实是很短暂的。

　　大多数幼儿会在几周之后就适应幼儿园或托儿所的生活。要是学校教育足够吸引人的话，这些孩子还会因为在周六和周日不上学而感到失望。若幼儿在每天上学前总是很焦虑、烦躁，或是很盼望放学回家，那就是不好的预兆了。此时，家长们应该得到正确的指导以重新安排孩子在学校度过的时间，或者干脆晚几个月再送孩子去上学。请记住：即使是婴儿，他也会通过肢体语言来表达自己的思想。我们必须对他们所"说"的保持高度的敏感。

问问自己

　　☆ 我是否鼓励家长在孩子看不到的地方观察一会儿，等孩子不哭不闹了再离开呢？

　　☆ 我有没有告知家长他们的孩子可能会遇到的问题呢？

四

「妈妈，请不要把我一个人留在这儿！」

52

逐步增加幼儿在学校的时间

 **让我下去**

不久前，我乘坐飞机去加拿大。飞机起飞后不久，机长发出一个通
知："为了给飞机加燃料，我们即将降落
在伊奎特小城附近的一个小机场。那里正
在下雪，飞机跑道上铺满了砂石。我们的
飞机是完全能停在砂石上的。"听完通知，
我非常担心，对机长的安慰半信半疑。但
实际上我也别无选择——毕竟是机长说了算，而我只好听从安排了。

 **小贴士**

当遇到不好看的电影、不满意的宾馆、无聊的舞会，甚至是不喜欢的
工作时，身为成年人的我们常常可以选择拂袖而去。我们清楚自己并不会
真的受困于某种境地（除非我们是在离地 3 万英尺的高空中）。相比之下，
幼儿则几乎每次都只能听从别人的安排，没有其他的选择。我们务必牢记
这一特征，尤其要对他们入学前的焦虑多加留意。他们也许会觉得自己身
陷困境，惊恐万状。因此，当幼儿要去适应一个新的环境和一群陌生人
时，家长和教师应该尽一切努力来安慰他们，使他们放心。

　　☆ 让幼儿轻松适应学校的一个途径就是制定一个时间表，循序渐进地

增加幼儿接触这个新环境的时间。在最开始的一两天，可能一两个小时就已经足够了。

☆ 另一个可以有效减轻幼儿上学"之苦"的办法则是在幼儿入学的第一年，利用刚开学的那段时间来实行轮流上学，即把全班小朋友平均分成两组，两组隔天轮流来学校。

与其把小朋友强行留在幼儿园太久，使他们以后都不愿再来上学，还不如适当减少时间，让他们回家时面带笑容，盼着以后再来。

建议家长们提前安排好自己的日程，万一他们的孩子上学之初遇到困难需要家长多多照顾和支持，他们也可以抽出时间来陪孩子。这样会为他们与孩子的生活省去不少麻烦和痛苦。

问问自己

☆ 我有没有制定一个时间表，循序渐进地增加幼儿在学校的时间，从而帮助他们更好地适应学校呢？

四

"妈妈，请不要把我一个人留在这儿！"

53

给所有的幼儿额外的关照

 妈妈，看，我没哭！

雷蒙德今年才 3 岁，真的是个相当了不起的小朋友。上幼儿园的第一天，他就非常大胆地一个人走进教室，还转过身告诉妈妈她应该回去了。妈妈想多待一会儿，雷蒙德却坚持要她马上就走。最后，他竟然还亲自把妈妈推出了教室，然后自己走到课桌前坐下，一个人很满足地玩弄着自己的魔术彩色笔。这样的情景真让人难以置信。身边那群又哭又闹、又打又跳的捣蛋鬼让我忙得不可开交，像雷蒙德这样一个安分的小家伙确实让我感到欣慰极了。

到了第二周，我却发现他自己打开教室门，穿过门厅朝幼儿园的大门跑去。我紧紧地跟在他后面，一下把他抱起来。他歇斯底里地哭喊着："我要妈妈！我要妈妈！"这个原本那么安静，看起来处变不惊的小男孩现在居然出现情绪崩溃。幸亏这个时候其他的小朋友都已经能适应新环境了，我也可以多花一点精力来帮助雷蒙德尽快调整好状态。

☀ 小贴士

有时，小孩子也能糊弄我们。有的幼儿要经过更长的一段时间才能对一个新环境或新形势做出反应。以上所讲的雷蒙德为了让大人们高兴，尽了最大的努力才使自己没有哭着来幼儿园，可是他控制自己情绪的时间只能是这么长。我们一定要主动关心所有的小朋友，就算那些看上去似乎能很好地适应某个新环境的孩子也不能忽视。因为他们表面上的适应也许仅仅是虚张声势。

当置身于一个新环境时，许多幼儿都能觉察出情境的变化，也会有所顾忌地对此做出反应。只有当他们真正放松并感到舒服时，他们真实的性格才会显露出来。请不要草率地对任何一个幼儿的行为或性格特征下结论。

问问自己

☆ 我是否对每个小朋友都有特殊照顾，哪怕是那些看上去没有任何适应新环境问题的小朋友？

☆ 我有没有意识到一旦幼儿适应了新环境，他们就可能和刚来上学的那几天表现得不一样了？

四

「妈妈，请不要把我一个人留在这儿！」

54

认可幼儿真实的感受

 "你没有妈妈。"

开学第一周接近周末时，我所管理的那个班（都是 3 岁左右的幼儿）上的大多数小朋友都能很好地适应学校了。可是，还有一个爱哭的小朋友。我得抱着她在教室里转来转去，想尽一切办法哄她。丽莎——长着一双我所见过的最大的眼睛——跑过来问我："她为什么要哭呢？"我向她解释说："因为她想自己的妈妈了。我之所以知道，是因为我也想我的妈妈。"丽莎一听，一边摇头，一边像知道了什么秘密一样笑着对我说："你没有妈妈。"我忙回答道："我当然有了。你要不要看我妈妈的照片啊？"

这时，我抱着的那个哭鼻子的小朋友已经不再哭了，还急着要看我母亲的照片。于是，我们一起来到我放提包的地方，我从钱夹里抽出一张我父母的照片。可是丽莎一看到照片，就很生气地说："这不是妈妈。这是奶奶！"

🌼 **小贴士**

如果一个幼儿说："我想我妈妈。"我们不能否认他的感受，而应该相信那是真的。同时，要告诉孩子，他的爸爸妈妈也很想他，他和爸爸妈妈在今天放学的时候又可以见面了。认可一个幼儿的真实感受，并对他的感受表示同情比断然否定要好得多。

问问自己

☆ 对于一个幼儿的真实感受，我是认可，还是否定或置之不理呢？

55

想办法哄小孩开心

 令他爱不释手的东西

长着一头卷发的尼古拉斯才两岁，他简直要把自己的眼睛都哭瞎了。妈妈上班去了，他根本无法安心地待在幼儿园。早上的大部分时间，他都在教室里无聊地到处晃悠，手里还紧紧地攥着一张皱皱巴巴的妈妈的婚纱照。他会把这张照片给每个走进教室的人看，每个看到照片的人都会对照片大加赞赏，这给了尼古拉斯一个自我表现的机会。他当然不需要向我解释什么了。

小贴士

两岁的小孩子出现分离焦虑并不是什么稀奇事。一些幼儿会比其他同龄人更难应付，即使他们曾经上过学。然而，让这些幼儿保管一些对父母或全家很重要的物品有助于安慰他们。我曾见过一些家长交给自己的孩子一把钥匙，告诉他"因为你保管着家里的钥匙，所以如果没有你，我就回不了家了"。有的父母离开时会留下自己喜欢的发卡、钢笔或者小饰品让孩子保管。但是必须注意：交给孩子的不能是贵重的物品——小孩子很容易丢东西的，包括很珍贵的物品。

还有一个办法能让不开心的小朋友尽快适应学校的环境。幼儿园的老

56

支起画架，找到一个安全的观察角度

 一个安全地带

柯菲 11 月份才来到我教的那个班。他来了之后，有整整一周都是一个人独自静静地在画架前面画画。看到儿子拿回那么多的绘画作品，他的母

亲倒是很开心，但是我却为他没有参加任何一项班里的集体活动而有些忧虑。他总是站在画架前，手中握着画笔，可是画笔究竟落在纸上的哪个方位，他根本就没在意，他只是在那儿一刻也不停地观察着周围的一切动静。他可真聪明！自己藏在一个"安全地带"。只要站在画架前面，他就不用和其他的小朋友有任何往来。没有人会要求他与别人分享

什么，也没有人会把他堆砌的积木（假设他堆砌积木的话）推倒，或者把他的玩具抢走。画架所在的角落是一个很棒很安全的观察点。最后，当柯菲对班里的情况感到足够放心时，他才敢大胆地走到教室的其他区域，参与其他小朋友的活动。第一周过后，他就很少再画画了。

 小贴士

自从发生了柯菲那件事以后，我总是在每学期开学后的前两周在教室里安放一个画架。这个画架可以为幼儿提供一个绝对安全的地带。那些需

要更多时间才能适应学校生活的小朋友可以在这里先观察一下周围的情况，再参与到集体活动中。这样的小朋友看上去会比较忙，他们也许会和从旁边经过的同学或大人随便说两句，但是他们不会在自己还没有充分准备时就被迫去和别人打得火热。

如果你担心幼儿会因为没人监管而把颜料弄得到处都是，你也可以用易清洗的水彩笔或蜡笔来代替颜料。

问问自己

☆ 我是否在教室里设立了所谓的"安全地带"，以便那些还没有充分适应学校的幼儿在那里观察别的小朋友，而不是强迫他们仓促地和别人往来？

57

引导幼儿理解每日作息时间表

 现在是时候吗?

毋庸置疑,小孩子来上幼儿园的第一周最爱问的一个问题就是"现在可以回家了吗"。我们也知道小孩子是看不懂钟表的。因此,诸如"还有一会儿"、"四点钟的时候"、"晚一点儿的时候"之类的回答对于幼儿来说是毫无意义的,只会把他们弄糊涂,我们可以提供一个他们能够理解的时间参照表。

小贴士

尽管不懂什么时候是几点钟,但是很多幼儿已经开始明白做事的先后顺序了。你不妨从每天早上开始,并且一天当中不断地重复说明当天的活动安排。我最爱说的就是"我们马上要用玩具做游戏,然后讲故事,接下来去操场上玩,再吃午饭,午休,之后就唱几首儿歌。唱完歌以后,我们就可以回家了"。这个办法比那句模棱两可、难以理解的"还有一会儿"的回答更能让小朋友们满意。

制作一张按照时间顺序依次排列的图表,图表上面的作息标识要让幼儿看得懂。

问问自己

☆ 我有没有用一些简单易懂的方式帮助幼儿理解每天的作息时间安排呢？

四

『妈妈，请不要把我一个人留在这儿！』

58

频繁使用老师和幼儿的姓名

 名片

我不擅长画画。每学期开学的时候，令我头疼的一项任务就是制作名片（给幼儿园小朋友用的）。但是我最终发现了一种既可以代表一个人又很容易剪裁的方法。开学第一天，为了打破课堂上的沉默，我一般会拿出事先剪好的名片，请班里的小朋友们设计装饰。这样的活动在三至四岁的班级里非常奏效。

许多老师都要花费大量的时间和精力来制作名片。但是如果你稍微花点儿时间来想一想，就会觉得这些名片仅仅对于教职员工有用，因为大多数幼儿都看不懂自己的姓名，更别说看懂班里其他同学的名字了。

 小贴士

由于幼儿看不懂名片，他们只能靠经常听到别人叫，才能记住老师和同学的姓名。因此，在刚开学的那几天，我会故意多说自己的名字，如"让格温来帮你穿衣服吧"、"让格温给你倒点儿果汁"，但是这样的语句也会带来一定的麻烦。有时，我在幼儿园忙了一天回到家中，也会条件反射似的对自己的先生说："让格温给你来点儿土豆吧。"我先生听了，自然会露出迷惑不解的表情。

问问自己

☆ 我有没有经常说自己和学生的姓名，以帮助小朋友记住彼此的名字？

☆ 我是否在整个学年当中都频繁地叫某个小朋友的名字，借此来帮助他形成较强的自我形象感？

四

「妈妈，请不要把我一个人留在这儿！」

59

佩戴幼儿喜欢的小饰品

 很新颖的别针

有一年夏天，我儿子（当时他只有 10 岁）参加了一次为期一天的夏令营。那次活动最精彩的部分就是孩子们将自己亲手制作的礼物献给家长。我儿子送给我一枚别针，那是一枚泰迪熊样式的别针。这样的礼物只有做母亲的人才会喜欢，并且有勇气佩戴。有一周，我每天都戴着它。

有一次，正好是幼儿园开学的第一天。我正在准备早餐，儿子突然问我："妈妈，你今天不戴那个别针吗？"这样的恳求是做母亲的无法拒绝的。于是，我专门上楼把那个别针戴上了。

当幼儿园的小朋友来上学时，他们都注意到了那个别针。那个别针让他们想起了可爱的泰迪熊。这些孩子并不了解我的情况，但是他们认识这个泰迪熊别针——这就已经足够了。

🌼 **小贴士**

教师佩戴一些幼儿喜欢的别针和小饰品能拉近师生之间的距离。这些小物件有时还可以顺便用来当作促进对话的辅助工具。在接下来的几年里，我积攒了一大堆便宜又实惠的小别针，上面镶有各式各样的动物图案，不光有小狗、恐龙，还有漫画中的森林小人、维尼熊等。这些小玩意儿对我而言真的是价值连城。

我始终相信最可贵的是你能面带微笑。

能将两个人之间的距离缩到最短的莫过于微笑。

——维克多·保格（Victor Borge）

问问自己

☆ 我有没有佩戴一些小朋友们喜欢的小别针或是其他的装饰品，以拉近彼此之间的距离呢？

60

幼儿教师务必注意着装

 为什么这么悲伤呢？

住在玻利维亚的人们都喜欢鲜艳的色彩。那里乡村地区的女性，传统打扮都是重叠着穿几条长短不一的半截裙，上身穿一件白衬衣，再披上一条大围巾——那围巾简直就是一道鲜艳的彩虹。大多数女性身上至少要穿三条颜色各异的半截裙。我曾见过一种粉红色加黄色加天蓝色，再加浅蓝色的组合。起初，我还以为这样穿的是正要举行婚礼的新娘子，或是要去参加什么特殊活动。但是，不久以后，我了解到原来她们每天都穿得这么艳丽，不论是去买菜、逛街，还是在田野里种庄稼。

一天，我们的导游（她是玻利维亚人）问我："为什么美国人穿的衣服都那么暗淡呢？"我说我不懂她是什么意思。她便解释说美国来的女游客买毛衣（毛衣是玻利维亚很流行的纪念品）时，她们总是选黑色、灰色，或者深褐色的。我向她坦言道："我自己也正琢磨着买一件灰色毛衣呢。"她又问："为什么美国人不喜欢粉红色和黄色呢？"这可真是个棘手的问题。难道我们美国人会认为穿艳丽衣服的人就一定呆头呆脑吗？

小贴士

作为幼儿教师，我工作时穿的衣服和鞋不仅要让我能很轻松自如地坐在地上（有时还得以百米冲刺的速度跑过操场），我还得注意色彩的搭配。

我们不是在银行或公司上班，那里的员工制服都是深蓝色或灰色的。我们的"顾客"是小朋友，因此，我们的着装就应该让这些小朋友感到赏心悦目。鲜艳亮丽的色彩就是我们应该呈现在他们面前的形象的组成部分。所以，请穿得亮丽点儿，那些小朋友会注意到这一切的。

问问自己

☆ 在幼儿园工作的时候我是否穿戴得体呢？

☆ 我的穿着是否适合在地上坐，在操场上跑，或者一个刚涂了指甲油的小朋友给我一个拥抱都无甚大碍？

四

"妈妈，请不要把我一个人留在这儿！"

61
从早到晚多次清点人数

 是不是大家都在？

表面上看，伊莲娜在适应幼儿园方面没遇到什么问题。她尤其喜欢坐在教室外面的沙箱里面玩。十月里的一天，阳光明媚，我突然发现她并不在沙箱里。当我找到她的时候，发现她正使出全身力气想要爬过幼儿园的栏杆到外面去。幸亏她翻越围栏的技术不咋样，也幸亏我发现得早。小孩子在幼儿园走失是教师最严重的失职事故。自从那次可怕的翻爬事件以后，我几乎总是在清点小朋友的人数。

小贴士

我们一般都对那些爱吵闹的或者是最容易遇到麻烦的幼儿的行踪了如指掌，恰恰是那些安安静静的，有时好像不知不觉就从视野中消失了的孩子很有可能被我们忽视。他们也许会自己闲逛到走廊上去，也许会去偷窥一下别的班级，再或者独自走出学校——这是很可怕的情况。在某些情况下，老师们要经过较长一段时间才能发现这些小朋友走失了。

为了防止幼儿走失，老师们就应该养成清点人数的习惯，而且不仅是在九月份刚开学的时候，整个一学年都应这么做。孩子们自由活动时、午休时，任何时间，任何地点——室内室外——都要清点。班里有多少个小朋友，你应该每时每刻都心中有数。

有一两次，我拼命地寻找"走失的"小朋友，结果发现原来是我自己一开始数错了，并没有哪个小朋友走失。你也知道，孩子们总是跑来跑去的，这种情况下去数该多难啊！

请不要想当然地认为幼儿园的大门是锁好了的。有时那些来访者、家长以及其他一些从大门进出的人也许会忘记锁门。

问问自己

☆ 我有没有每天都多次清点小朋友的人数，不管是在教室里，还是在操场上？我是否为了确保没有小孩走失而整个学年都会这样做，并不仅仅是在九月刚开学的时候？

☆ 我是否会在允许幼儿到户外活动之前先检查幼儿园大门是否锁好了？

四

「妈妈，请不要把我一个人留在这儿！」

不妨试试

● 在开学之前准备好一份由家长们填写的问卷。以下几个问题你可以作为参考：

☆ 你的孩子是否需要什么特殊照顾，比如饮食方面？是否对某些食物过敏？

☆ 你家里是否有我需要事先了解的风俗习惯？

☆ 你的孩子是否害怕动物、巨大的响声，怕黑，或者其他？

☆ 你的孩子喜欢玩什么样的玩具？

☆ 你的孩子有特别喜欢或特别讨厌的游戏吗？

☆ 你的孩子有自己最喜欢的书籍吗？

☆ 你对你的孩子来我园上学有什么担忧和疑问吗？

☆ 你希望你的孩子在我们的幼儿园里学到什么？

☆ 你家里是否还有什么你认为我应该了解的情况？

● 为了让家长对幼儿园的教职员工有所了解并感到放心，你可以将自己所教班级的所有教职人员的照片都张贴出来。在每张照片下面，你还可以写上简短的评述。评述的内容可以介绍员工的家庭、个人爱好、教育背景及其在幼儿教育领域的工作资历等。这样，家长们就再也不会觉得自己是和几个陌生人在一起了。

● 开学第一天，请尽量教孩子们做一些简单易携带的东西，好让他们放学以后带回家。刚开始的几周，要教一些简单的游戏和知识，原因是你那段时间肯定会为了照顾不适应的小朋友而忙得不可开交。

● 在帮助幼儿记住姓名这个问题上，你不妨试着在音乐课上教大家。让小朋友们在地板上围坐成一个圆圈（但是不要盘腿而坐）。然后将一个沙滩排球一一滚向他们，同时大声说"我把球滚向吉米，他又把球滚回来给我"。为了使这个游戏有趣，你不要按照孩子们的座次一一把球滚向他们，最好是变换着顺序，比如从你右手边的第一个小朋友开始，然后是左手边的第一个，接着再给右手边的小朋友……这样交替着进行。请使用较软的半充气沙滩排球，这样的球便于小孩子掌握。

四

「妈妈，请不要把我一个人留在这儿！」

五、善、恶、丑

——与家长建立一种团队合作关系

家长是我们既不能完全依赖又不能与之隔绝的群体。我们的学生有高有矮，有胖有瘦，脾气爱好各不相同，有的很讨人喜欢，而有的又不那么乖。学生家长也是一样的不尽相同。有的家长让你觉得和他们认识是件愉快的事情；或许在将来的某个时候，你还会把他们当成是自己的朋友。而有极少数的家长又让我们避而远之。只要一看到他们朝这边走过来，我们就恨不得找个地方藏起来。因此，说自己急需去办公室或洗手间是我们常用的借口。

我们必须谨记，作为教师，我们教育幼儿的责任只是在一段很有限的时间内完成。真正在孩子的成长过程中一直起着关键作用的是孩子的父母。明智的父母和专业的教师都知道，双方应该尽最大努力友好相处。只有双方像一个团队一样齐心协力，才能卓有成效。因此，我们应该积极地和家长们建立良好的合作关系。

62

帮家长们消除与生俱来的嫉妒心理

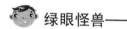

绿眼怪兽——嫉妒

杰西琳和我一起靠在一个枕头上看一本故事书。我刚讲完故事，她便央求我，"再讲一遍嘛，妈妈"。等意识到自己刚才叫错了，她脸上露出很无辜的微笑望着我。而后，我俩一起"咯咯"地笑了起来，她向我解释道："其实我是想说'格温'。"而这是我从一个小孩子那里得到的最好的赞誉。我敢肯定，她当时就是因为和我在一起感到太舒心，太惬意了，以至于在那一刻她都忘了自己究竟是在哪儿，才误以为自己是和妈妈在一起呢。虽然我很珍惜这一刻，但是我并没有把这件事告诉其他人，尤其是杰西琳的妈妈。

小贴士

家长们通常会在一种两难的境遇里挣扎。一方面，他们希望自己的孩子和老师在一起处得很融洽，甚至很黏老师；而另一方面，他们内心又充满了负疚感，因为自己不能在白天陪着孩子，但是又很想确保自己是孩子一生中最重要的大人。这种负疚感与焦虑的心态结合在一起就会让父母变得非常不自信，过于敏感。小孩子在家肯定会提到幼儿园老师的名字，有时甚至还会无意中把爸爸妈妈喊成自己的老师。

尽管老师无法避免这样的问题，但是应该尽一切可能让孩子的父母觉得能够接受。你可以偶尔在孩子的父母面前提一下孩子所讲的家里发生的事情，比如一次特殊的活动、一件妈妈喜欢的东西。真诚的评价会让家长感到自己的重要性，觉得孩子还没有将自己遗忘。理想的话，他们还会因此而消除误会——以为老师要与父母争着和孩子亲密。

我们必须注意，不能过多地评价幼儿和他们的家庭，原因是家长们本来就因为自己不能陪孩子而自责，我们不要加重他们这种负疚感。

问问自己

☆ 家长们很可能会嫉妒他们的孩子和我之间亲密的师生情，我有没有帮助家长们消除这种嫉妒倾向呢？

☆ 我是否提醒过幼儿的父母：他们的孩子在一生中会遇到很多老师，但是只有一个爸爸和一个妈妈？

五

善、恶、丑

63
将个人情感放在一边

 让大家充满爱，而不是充满敌意

　　毫无疑问，对我的职业技能最挑剔的家长是苏。她很少——几乎从来不——亲自来幼儿园接她的儿子哈罗德，通常是从她办公室打发一个职员或雇个司机来接，并且经常是比放学时间晚 15 至 20 分钟才到。好不容易碰上她亲自来一回，她还偏偏要提前半小时到，然后毫不客气地坐在我的办公桌旁边，一边吃零食，一边用手机打电话忙工作上的事情。我只好尽力控制住自己的情绪，保持冷静，竭尽全力和这样一个人保持良好关系。

　　一天，一个小朋友的妈妈抱着自己刚出生不久的女儿来到班上。这些只有 4 岁的小朋友见到小妹妹，就问了些平常人们爱问的问题，如吃饭、睡觉、哭闹等。当这位母亲提到自己给宝宝喂母乳的时候，我突然听到哈罗德十分沮丧地说："我妈妈现在都还让我吃她的奶呢。"幸好他的话没被其他小朋友听到。试想：要是大家知道他 4 岁了还吃妈妈的奶，他会遭到怎样的奚落和嘲笑？诚然，现在有些地方的小孩比别的同龄孩子断奶的时间晚，但是我敢肯定哈罗德的情况并不是文化方面的问题。我的直觉告诉我，这孩子并不喜欢这样。于是，我决定找他妈妈谈谈这个问题。

　　当我把哈罗德的话转述给他的妈妈苏时，她笑了笑，承认自己还在给儿子喂奶。她对此的解释是她能从中得到极大的满足感，她真的很喜欢那一刻自己和儿子之间那种亲密无间的感觉。我委婉地告诉她我看得出哈罗德并不是像她那样喜欢这样做。苏点点头表示同意我的看法。我还说出了自己的顾虑：万一别的小朋友，尤其是幼儿园里的同学知道哈罗德还在吃妈妈的奶，他们很可能会嘲笑他的。我给了她一点建议——将喂奶改成她给哈罗德讲故事，让儿子坐在她腿上，这样也能给她亲近感。苏认真地听我说完，然后离开了。过了几个星期，她再次来访时告诉我她已经没有再给哈罗德喂奶了，而是两人一起偎依在安乐椅上听她讲故事。

🌑 小贴士

我常常想要是我没能控制住自己的情绪，没有费尽心思那么友好地对待这位母亲，那我可能永远也帮不了哈罗德了。为了孩子，我们就应该和所有的家长好好相处。有必要的话，我们可以和家长们一起谈谈相关问题。更重要的是，由于我之前已经建立了良好的关系，他们会比较乐意接受我提出的要求或建议。有时，要做到这点的确很难，但是只要你的目的是为了孩子，你就一定要友好地对待所有家长。

我们要加强与家长的联系；请家长们尽量按时送小孩到幼儿园，放学时尽早来接孩子；遇到问题时主动给老师打电话；自始至终都以礼待人，并且考虑周全。这样和谐的关系对幼儿的成长是相当关键的。

家长们也有一个很重要的责任，即尽量和老师们好好相处，就像老师们对待家长一样。

帮助别人的时候决不能犹豫不决，接受别人帮助的时候也不要犹豫。

—— 教皇约翰二十三世（Pope John XXIII）

❓ 问问自己

☆ 我有没有将自己的情绪抛在一边，尽自己最大的努力和所有的家长友好相处呢？

五、善、恶、丑

64

让家长们愿意对你推心置腹

 **专业人士**

尽管我接受过培训，有着丰富的教学经验，但是我自己的两个儿子却给了我极大的挑战。我至今对当时的情景记忆犹新：我站在楼梯的最后一级台阶前，朝着他俩大喊（根据我当时歇斯底里的程度，说"尖叫"都不为过）："你们为什么不听我的话去睡觉？我是老师的老师，有那么多人来找我寻求帮助，而我居然治不了你们！"

小贴士

因著名连环画《妈妈》而出名的漫画家麦尔·拉扎勒斯（Mell Laza-rus）曾说过："将一个小孩子治得服服帖帖的秘诀就是不要当他的父母。"面对别人的孩子时，你更能控制自己的情绪。然而，若是换成自己的孩子，你所联想到的过去的事，你和孩子的情感以及对他将来的担忧又会截然不同了。学校老师和幼儿之间的那种若即若离的关系正好成了教师成功管教幼儿的一个重要因素。

这些年来，我常常给学生家长讲我教育自己的孩子时出现的过失和失败之处，家长们也就不会觉得和我在一起不自在了。我并非圣贤，也会像其他人一样生气发火，也会有失误的时候。我坚信我的故事能让家长们更加信任我。

家长们更愿意和一个"有相同遭遇"的人，而不是一位专业人士，说他们自己教育孩子时出现的失误和困难。

学会做一个善于倾听的人。在家长对你推心置腹时，请不要带有任何主观的看法，而要集中智慧想出对他们今后与孩子相处有益的方法或策略。

我们很少对那些比我们能干的人说出心里话。

——阿尔伯特·加缪（Albert Camus）

问问自己

☆ 我是否鼓励家长们放心地来向我咨询，听取我的建议？我是否比较随和，善于与人交谈，并且不带有任何主观看法？

五、

善、恶、丑

65

了解幼儿的家庭文化与习惯

 点心时刻之谜

　　珍妮虽然来自泰国，但是能讲英语，看起来好像非常适应这里的幼儿园。和爸爸妈妈分别时，她也没有任何难舍难分的表现。在幼儿园里，她能积极地参加各项活动，和其他小朋友相处得很融洽。但是，一到吃点心时，她就彻底"崩溃"了：又是哀叹，又是抽泣，情不能自已时甚至大哭。起初，我还以为她是因为不喜欢幼儿园里提供的食物，还想方设法地开导她，告诉她要是不喜欢就不必吃。

　　但是我很快就意识到问题不是出在吃什么样的点心上——就连冰淇淋也会惹得她眼泪涟涟。唯一能让珍妮不在吃点心时刻悲伤的办法就是把她从点心旁抱走，让她到教室的另一处慢慢恢复过来。后来，我和她的父母针对这个问题进行了交谈。

　　我问珍妮的妈妈："珍妮觉得幼儿园怎么样？"她的妈妈开心地笑了笑，回答说她很喜欢这里，而且每天都迫不及待地要来上学。珍妮的表现令她父母很满意。接下来，我说出了自己的疑惑——为什么珍妮一到吃点心的时间就开始哭？她妈妈还是开心地笑着回答："哦，这没什么。"我忙问她女儿在家里是不是也会这样，可她却说："噢，不会。"

　　她后来向我解释说，按照泰国的习俗，小孩子在 10 岁或 12 岁之前吃东西都是由大人拿勺子喂的。泰国的父母亲将此视为一种爱的举动，一种向小孩子表达自己有多么爱他的方式。可怜的珍妮！她不能接受的不仅仅是我没有用勺子喂她吃点心，还有一群饥饿的小朋友争先恐后地伸手去拿吃的，这也把她这个胆小的孩子给吓坏了。

 小贴士

老师们很有必要去了解班里小朋友的家庭环境、文化和习俗等，以便让小朋友们在幼儿园里尽可能地感到舒服自在。我们觉得再正常不过的行为也许会让来自其他国家的幼儿感到害怕，甚至是侮辱。

问问自己

☆ 为了给小朋友提供一个有利于他们成长的校园环境，我有没有努力去了解班里小朋友各自家里的文化习俗呢？

☆ 我是否尊重文化习俗差异，是否尽量去适应这些差异呢？

五

善、恶、丑

66

张贴课表，让家长心中有数

 孩子们在上什么课呢？

几乎在每个幼儿园，那张列出了一周食谱的菜单，通常都是经过精心研究的，总是被贴在非常显眼的地方。小朋友和家长就爱聚集在那张菜单前饶有兴趣地欣赏，还一起讨论菜单上的饭菜是否合理。张贴菜单的地方都快成为一个聚会点了。

 小贴士

我认为幼儿的精神食粮也非常有必要像午餐菜单那样张贴出来。父母们很想知道幼儿园给他们的孩子安排了什么活动和游戏。因此，当天和这一周的课表都应该张贴在显眼处。张贴课表有利于父母在和小孩子谈到幼儿园的事情时更有针对性。当然，父母们也应该明白：这些贴出来的计划安排也会有所变动的，这样才能更好地满足幼儿的需要。

除了张贴本周的课表，我还会把接下来几周的课程安排都贴出来。令我高兴的是，这一举措赢得了家长们的支持。家长们一旦知道我们将要学习什么内容，常常会给幼儿园送来一些好书和有用的资料，以协助我给孩子们提供一个更加丰富多彩的学习环境。

问问自己

☆ 我有没有把班上的课表张贴出来以便家长们心中有数呢？

67

写有意义的校园通讯

 死于难为情

《红胡子》是一部由日本导演黑泽明拍的影片。该片讲述了一位善良又体贴的医生在奴隶制时期的日本的经历。其中一个片段讲的是一个可怜的小男孩为了给家里人偷点儿吃的，在行窃时被抓了。他的家人因此而感到很丢脸，无地自容，到了近乎疯狂的地步。为了摆脱小男孩给他们带来的耻辱和难堪，他们全家竟然服毒自杀。幸好，那位好心的医生及时赶到，制止了悲剧的发生。

幸运的是，美国的大多数父母都不会用这么极端的方式来应对难堪的局面。但是，我们决不能因此就低估一些父母采取的手段，有的父母对自己的孩子抱有很高的期望——高得不切实际，由此造成令人难堪的局面是时有耳闻的。

我至今还记得，过去每当我带上自己的孩子走进高档餐厅——餐桌都配有桌布的那种，我就会觉得有一束强烈的光照在我们的餐桌上。在吃饭的过程中，我的某个儿子肯定会把杯子里的水洒到桌布上——这是早晚的事。不论服务生和其他顾客多么善解人意，我还是会忍不住对儿子发火。

小贴士

定期而及时的"校园通讯"是家长教育的重要组成部分。这样的正式

五、善、恶、丑

文件能较好地解决大家担心的问题，但又不会冒犯家长。

为了帮助家长们较好地应对可能出现的尴尬情况，我会在 11 月份的"校园通讯"中建议他们：有时，我们的孩子会被迫穿上不舒服的衣服或者比平时睡得晚，还要在自己的能力达不到的情况下控制自己的言行，尤其是在节假日前后。请家长们不要对孩子的行为抱有过高的期望。

> 一篇优秀的校园通讯不单单是列举出幼儿园所需的物资，也不仅仅是对上个月的艺术活动的陈述，还应该提供一些有关幼儿成长和家教方面的文章。

问问自己

☆ 我有没有在校园通讯中定期刊登有关幼儿成长和家教方面的文章呢？

☆ 我的"校园通讯"以及其他一些资料是否及时地提供给了家长们？

68

教育孩子，也要教育家长

 偷听

午饭时间，我正在主持一个研讨会，研究如何加强幼儿教育机构中员工的创造性，无意中发现一位母亲正站在会议室的门边。一开始，我以为她想找我谈谈，后来才明白原来她是想听听我正在给从事幼教的员工们讲些什么。研讨会结束以后，这位母亲在幼儿园的门厅里拦住我问，可不可以给家长们也召开这样的研讨会，讲讲如何提高家长的创新能力。

小贴士

教育家长是幼教工作的一个重要方面。专为家长们策划的研讨会能给你提供一个极好的机会——告诉家长们一些游戏（诸如堆积木、表演戏剧等）的积极作用和激发幼儿创新思维的重要性。在安排研讨会之前，请先在家长中间做个调查，了解一下他们大多数什么时候有空来参加，以及他们对什么话题感兴趣。对于那些无法来参加的，你可以给他们发一份关于研讨会的资料。

如果你能使用摄像机，不妨将你在研讨会上所讲的内容和展示的材料都录下来，便于家长们借回家自己看。如果你的录像里面有课堂上小朋友们做游戏的内容，那绝对会很受欢迎的。

五、善、恶、丑

问问自己

☆ 我有没有组织家长们参加研讨会呢?

☆ 如果有家长不能来参加研讨会,我有没有将会议上讨论的重点打印出来发给他们呢?

6:9

想办法与家长沟通

 没有消息并不一定就是好事

我曾经工作过的一个幼儿园专门安排了班车接送小朋友。可是每天早上看到小朋友们从校车上下来的时候，我总是觉得好像和他们的父母隔离开了。由于不能和幼儿的父母交谈，所以对于孩子们可能会遇到的问题就一无所知，比如谁累了、谁饿了、谁还很兴奋，统统不知道。下午放学时，我把孩子们一个个扶上校车，那种被隔离的感觉又涌上心头。我根本没有任何机会和他们的家长简单地聊聊，比如夸一夸小朋友的进步，说说他们结交的新朋友，或者他们玩得很开心的时刻。

小贴士

虽然家长来接送孩子的时间并不是我们和他们开会的时间，但是就在他们为了接送孩子在幼儿园停留的短短几分钟里，你就可以和他们交流大量的信息。双方可以聊很多能影响幼儿行为的烦琐而又重要的话题，例如哪个小朋友今天闷闷不乐的，哪个昨晚很晚才睡觉，抑或是哪个小朋友因为去看了外婆而兴奋不已。

也有一些家长自由组合轮流接送孩子。他们几乎都不用从小车里出来

五

善、恶、丑

就走了，自然也就不知道这些孩子要在那儿度过大半天的幼儿园里面究竟是什么情况了；对孩子的老师也知之甚少。虽然轮流接送能给这些家长带来很多方便，但是这样却剥夺了他们和老师针对孩子的情况进行交流的好机会。可以通过以下途径来消除这种因接送孩子的方式而引起的隔阂：

☆ 让幼儿家长知道幼儿园在任何时候都欢迎他们来到教室里。

☆ 如果你没有机会经常和学生家长见面，请通过其他方式和他们取得联系，如发送电子邮件、打电话，或是写张便条等。

☆ 为了你能更好地教育幼儿，你应该鼓励家长在出现任何可能影响幼儿或其家庭的特殊事件时主动和你联系。

问问自己

☆ 我有没有营造一个能让小朋友的家长无拘无束地来观摩课堂的氛围呢？

☆ 我和小朋友家长之间的交流是双方都积极参与呢，还是仅仅局限于很正式的校园通讯和通知呢？

☆ 我有没有鼓励家长们在他们觉得必要的时候给我写便条，或是发电子邮件给我呢？

☆ 我有没有在电话里和小朋友的家长交谈过呢？

70

尽全力让火冒三丈的家长息怒

保持冷静

三月里的一天早晨，天气很冷。小朋友们还是像往常一样来到幼儿园。有一个班（全是 3 岁的小朋友）的教室里突然传出吵闹和尖叫的声音。我飞奔到那个教室，看到一位母亲正生气地大声数落一个小朋友（名叫"德里克"）那粗心的父母。这么冷的天，小德里克被他家保姆送到幼儿园来的时候竟然只穿了一条短裤和一件 T 恤衫。这位母亲一边叫嚷，一边拉住旁边过往的其他家长，让大家都来听听她的指责。她的叫嚷声已经把周围的小朋友们和那些后悔不该走过来凑热闹的家长给吓到了。于是，我先走过去劝那位母亲平静下来，再和她走到远离那群孩子的地方单独交谈。

小贴士

我们总会遇到气急败坏的人。不管他们嘴里大声叫骂的是什么，你或许永远也不知道究竟是什么让他们如此生气。任何事情都可能是他们发脾气的导火索——车胎瘪了，头疼，公司里的会议开得不理想，抑或是婆婆不请自来，等等。不管是什么原因——真的也好，假想的也罢——你都可以试一试一种被称为"照镜子"的技巧，它可以帮你"化干戈为玉帛"。

所谓的"照镜子"技巧，就是你只要提一提她正在说的（或正在骂

五
善、恶、丑

的）那个人。这并不意味着你就和她站在"统一战线"上，只是表明你在认真地听她说。比如，你可以对她说："德里克的父母让你这么生气！你是觉得他们没有好好照顾德里克。看来你很为这孩子的健康着想。这么冷的天，他连一件毛衣都没穿，让你很担心吧。"请注意，我并不是同意这位母亲的批评意见，只是在重复她说过的话。不出意外的话，这位母亲会说"就是"。这样一来，你和这位母亲在某个问题上便达成了共识。气愤通常会被别人的理解平息下去的。

如果她还不解气，那就安排一次针对这个问题的谈话，但是谈话的日期可以安排在几天后。说不定到你们该谈话的那个时候，她的婆婆已经回自己家了，这位母亲的心情也会好很多。我发现这个"照镜子"技巧在学校和其他场合都很管用。

问问自己

☆ 我有没有为了保护小朋友而把怒气冲冲的家长请到远离这些小朋友的地方，和他（或她）单独交谈呢？

☆ 我有没有妙招让正在气头上的家长息怒呢？

71

请家长参与学校的教学活动

 虚张声势

我任教的第二年是在一家合作幼儿园工作。幼儿园要求学生的家长定期来学校当助教。这样可以减少学生的学费，同时家长参与到教学活动中能更多地了解幼儿的成长情况。尽管这种家园合作的方式有利也有弊，但我确实从中学到了很多有关如何对待家长的道理。

那年六七月份，我们幼儿园又招收了一批新的小朋友，其中一个名叫夏洛蒂。她的妈妈是我所见过的最漂亮的女士之一。她的头发在任何时候都梳得整整齐齐，就算是刮风下雨的天气也毫不含糊，每次都穿戴着搭配得恰到好处的服饰，就像是刚从时尚杂志的广告里面走出来的一样。

这位母亲来幼儿园当助教时就靠一杯咖啡和一份报纸打发时间。到了点心时刻，她也帮着给孩子们发食品。但是发完以后，她又回到桌子旁边坐下来喝咖啡。接下来的两个小时，她一直都是自顾自地埋头看报纸。我觉得她是孤芳自赏——她就是太完美了，所以不合群。她根本就不愿意主动参加幼儿园的活动，也不会和小朋友们以及其他家长交往。

 小贴士

这么多年来，我常常在想那位母亲是怎么回事。现在回想起来，我担心是我没有及时帮助她。我过去所认为的她清高和漫不经心也许是她内心

五

善
、
恶
、
丑

的不安全感的写照。幼儿园对她而言是一个全新的环境，要面对陌生的人物，承担全新的职责。相比之下，坐着看报喝咖啡肯定要比跟许多小孩子和大人打交道轻松、容易得多。我现在真后悔当时没有主动引导她，使她和大家在一起感到更加轻松自在。所以，现在每当我遇到一个显得过于傲慢的家长，我心里总是暗暗地说：这也许只是一种表象，我们并没有看到他（或她）内心真正的惶恐不安。

我们可以通过邀请学生家长们参加班级郊游或观摩班里的特别节目来帮助他们更好地融入这个大集体。如果家长们的时间安排不过来，也可以建议他们做一些其他的事情，例如收集些碎布头、饮料瓶、鞋盒等，或者担当电话联络专员。所有的家长，包括那些时间有限、资源不足的，都应该受到邀请来参与幼儿园的活动或其他事宜。

请不要总是根据一个人的言行来评价他，这有可能只是假象。

问问自己

☆ 我有没有做更多的工作以协助所有家长，包括那些看上去对学校的事情漠不关心的家长？

☆ 我有没有给家长们提供一些关于如何帮助学校的建议呢？

72

甘愿为了家长去做本职工作之外的事情

 教师的分内之事

罗伯特走进教室时双手紧紧地攥着一个很小的东西。他脱下外套，朝我走来，摊开双手，把一副鞋带高高地举到我面前，然后对我说："妈妈说格温会把这两根新鞋带穿进鞋里的。"我一听气坏了，我从大清早开始就忙着检查课表，布置教室，迎接来幼儿园的小朋友和他们的家长。难道我这还不够忙，还应该在工作内容中加上系鞋带吗？但是出于关心罗伯特，我只好压住自己的火气，把他脚上那双不适合他这个年纪穿的黑色高帮运动鞋原有的鞋带剪掉，再系上新的。罗伯特当然为自己脚上的新鞋带兴奋不已。不过他妈妈再也没有要求我做任何超出我职责范围的事情。后来，他的妈妈还主动地为班级活动效劳。

小贴士

有的人会利用——甚至肆无忌惮地——别人的善良，我们很快就能分辨出哪些人有这样的念头。然而，有时我们必须为了一个家庭而做出额外的牺牲。虽然我们对学生家里发生了什么一无所知，但是一个善意的举动或是一次效劳对一位家长或一个幼儿来说意义往往非同一般。

 问问自己

☆ 我有没有不顾个人得失去做一些本来不属于自己工作范围内的事情？

五

善、恶、丑

73

向家长表示感谢

 珍惜你所得到的

威尔伯是一个十分活泼外向的小男孩。他爸爸总是第一个主动来为班级活动出谋划策。就在他们全家回澳大利亚的前两天，在幼儿园操场上奔跑的威尔伯突然摔了一跤，表面上看只是额头上擦破了点儿皮，也只流了一点儿血。我给他父母打电话，他们很快就来幼儿园把他接走了。

可是第二天他来上学时，右眼上方的伤疤竟然缝了四针。这可真是他在美国居住一年的特殊纪念啊！他的父母都很通情达理，还安慰我说："他这么好动，这些意外是难免的。"

一年以后，威尔伯的爸爸来美国参加一个会议。他还专程来幼儿园拜访我。

小贴士

还是有很多父母都是高素质、通情达理、乐于助人的。我们应该通过各种途径向他们表示感谢。刚开始彼此还不是很熟的时候，你不妨以写便条的方式对他们付出的时间和所做的努力表示感谢。

 问问自己

☆ 我有没有向那些帮助过我的家长表达谢意呢？

74

要明白，你不可能帮助每一位家长

 每个人都有思想包袱

十月中旬的时候，莉报名进了一个 4 岁孩子的班级。她是一个非常自信，处变不惊的小女孩。应她母亲的要求，我同意让她母亲第一天留在幼儿园观看莉是否能很好地适应这里。莉一刻也没闲着，积极地参加别的小朋友的各种活动或游戏。她的妈妈只是坐在书架那边的一张椅子上，显得有些别扭。那天放学的时候，我还为莉能这么快地适应学校感到高兴，并把这话告诉了她的母亲。

第二天，莉到了幼儿园，亲了亲妈妈，便高高兴兴地跑到操场另一端和其他小朋友一起玩。她母亲在校门口站了几分钟后垂头丧气地拖着依依不舍的步子走了。这样的离别场面在后来的两天还重复上演过。可是星期五那天，莉却没来幼儿园。

第二个星期一她还是没来。到了星期二，根据幼儿园的规定——凡是学生连续几天都没来上学的，老师必须联系学生家长——我打电话到她家询问原因，问莉是不是生病了，还告诉她我们大家都很想她。她母亲告诉我，莉感冒了，但是很快就能重返学校了。星期三那天，莉终于来幼儿园了，而且还是像以前一样盼着来学校。

莉来上学的第二天，她母亲来幼儿园时带给我一份礼物—— 一个插着一枝花的花瓶。她感谢我对她女儿那么关心，还说莉要退学了。我很惊

善、恶、丑

愕，也很失望，更不知道究竟是为什么。我请她母亲坐下来好好谈谈。幸好幼儿园的操场上有其他老师帮我照看着小朋友们，我才得以腾出时间和她好好谈谈。

我开门见山地跟她说莉在幼儿园过得很开心，很喜欢参加这里的活动，也喜欢和其他小朋友在一起。她点点头，也说莉确实很喜欢来幼儿园。"那我就不明白为什么她要退学呢？"我提出自己的疑问，她这才向我说起了她的另一个 8 岁大的女儿，大女儿很难适应幼儿园的生活。我静静地听她讲完，苦口婆心地想说服她：莉和她姐姐不一样，莉能很轻松地适应幼儿园的生活。

她还是固执己见，身子往前倾，把声音压得很低，告诉我只有她知道真正的原因。原来，她自己小时候上幼儿园就很痛苦，每次和她妈妈分别都像生离死别一样。她现在也不忍心和自己的孩子分开。显然，她已经意识到是她自己出了问题。

我问她是如何处理她大女儿的问题的。她说当孩子长到 5 岁时，她知道如果再不送女儿去上学是违法的。正是这一点才迫使她忍痛割爱的。

我夸她及时送大女儿上学做得不错。既然她知道自己能克服这种离别之苦，那为什么现在不给莉一次机会呢？莉在幼儿园真的过得很好，要是硬逼她退学的话，她肯定会很反感的。

很遗憾的是，莉最终还是退学了。她妈妈向我保证只要莉一到入学年龄（指法定的入学年龄），她一定会把莉送进学校的。她执意不让自己的女儿来我们幼儿园上学这件事让我非常失望。从那以后，我再也没见过莉了。

🌼 小贴士

有时，学生家长所担负的思想包袱并不是老师有能力帮他们卸下来的。

拜上帝所赐，我能默默地承受自己不能改变的事情，能大胆改变自己能力所及的事物，并能知晓二者之间的差异。

——雷茵霍尔德·尼布尔（Reinhold Niebuhr）

问问自己

☆ 我能否接受一个事实——不管我怎么努力，还是有一些我无法帮助的家长？

五

善、恶、丑

不妨试试

● 要教育家长，可以请他们留意：

☆ 一些有关幼儿成长和家教的文章与书籍

☆ 幼儿园近期将举行的讲座、研讨会和家长会

● 宣传专门为幼儿举办的现场音乐会、戏剧表演以及木偶戏等。

● 准备一个小册子，将这一年里你和小朋友们一起唱的歌曲的歌词都印在里面。

● 为家长们列出应该读给幼儿听的书目。

● 收集简单易行的食谱，让幼儿在家时可以自己动手做一做。

● 对于周末家庭活动，你可以提以下建议：

☆ 出去散步，同时收集一些树叶或鹅卵石

☆ 出去散步，边走边给孩子讲故事

☆ 出去散步，一路上寻找绿色的事物

☆ 自备一些简单方便的美食，一家人出去野餐

● 列出有益于幼儿身心发展的简单易行的游戏。

● 邀请家长们来班上和孩子们一起做一些特别的事情：

☆ 乐器演奏

☆ 讲故事

☆ 协助孩子做一份最喜欢的美食

六、"我们能聊聊吗?"

——充分利用家长见面会

大多数教育工作者都一致认为对孩子的一生影响最大的是他们的父母。由此推出的结论是:家长与老师的频繁接触与交流,是幼儿在校学习、生活愉快的一个关键因素。

遗憾的是,大部分学校每学年都只召开两次家长见面会①。一般是每年秋季开一次(时间不超过二三十分钟),然后就是学年末开一次。我还见过有的学校召开的家长会仅仅持续 15 分钟,家长们板凳都还没坐热呢,更别说轻松自在地和老师进行全面详尽的交谈了。由此导致每位家长都不得不过分依赖每天接送孩子上下学时和老师简短的会面。这种形式的交谈通常没有其他情形下的那么清楚、正式。

我宁愿每学年多召开几次家长见面会。每隔两三个月开一次对家长、小孩和老师都有益。

---

① 这里指每个小朋友的家长单独与校方面谈的形式。——译者注

　　在每次召开家长见面会之前的一周内，请告知家长参加有意义的会谈是家长和老师双方共同的责任。请家长们考虑一下希望老师在会谈时讲些什么，他们想和老师谈些什么，或者是否有其他想法。一次卓有成效的家长会不仅仅是一次友好的谈话。既然家长会的意义如此重大，家长和老师都应该好好为之做准备。

75

合理安排家长见面会

应接不暇

　　大多数学校都试图在一两天之内就安排完所有的家长见面会。不少学校安排代课老师和家长见面，有的甚至为了减轻教职员工的负担而停课召开家长见面会。我一直都不赞成这样的安排。我发现在与三四个家长进行了会谈以后，一切都开始变得稀里糊涂的。尽管我每次总是费尽心思，集中精神，但是过不了多久，我说话就像在重复事先录制好的内容一样。

　　有些家长可能会迟到十多分钟，然后一直把原定的会谈时间待够了才走，这使得之后所有的会谈都必须依次往后延。要是多出现几次家长迟到的情况，一天下来，就让人有点儿吃不消了。我常常是开了一天的家长会以后都记不清自己到底跟家长们谈了些什么。这样的安排对我来说没有效果。

小贴士

　　为了你在会谈时能保持清醒的头脑，只要条件允许，就尽量将每一组会谈的次数控制在三次以下。如果无法避免一整天的会谈，就务必保证每次会谈后休息 15 分钟，让自己放松放松大脑。

　　有时，你中途休息的时间可能会被某个迟到的家长占用，但是即使这样，你也可以避免其他家长在门外等得不耐烦的情况出现。

六

「我们能聊聊吗？」

165

我强烈建议你一定要对每次会谈做记录，尽量记下针对每个小朋友所讨论的内容。你所会见的也许有十个家长之多，可是他们却只和你一位老师进行了交谈。也许你会忘记谈话的内容，他们肯定不会忘的。

问问自己

☆ 我有没有尽量避免在一天之内安排太多的家长见面会呢?

☆ 我有没有在每两次会谈之间短暂休息一下呢?

☆ 我有没有将每次会谈的内容都记录下来呢?

76

让每个来参加家长会的人都能主动地谈话

 两人易谈，四人也不难

阿底提的父亲答应了要来参加下午 1 点钟的家长见面会。我正在办公室等候，突然听到有人敲门。我开门一看，有些惊讶。因为来人不光有阿底提的父亲，还有另外两个男的和一位老妇人。我把四位客人都请进屋，才知道另外三人分别是阿底提的叔叔和奶奶。我之前根本没料到会来这么多人，所以手忙脚乱地到处找椅子给四位客人坐。既然这位父亲把家里的亲戚都请来参加这次家长见面会，我也只好接受。尽管阿底提的父亲是谈话的主角，但是另外三人也时不时地插几句。和他们谈话很有趣。这一家人所表现出来的积极性让我感到很欣慰。

 小贴士

当和你见面的不止一个人时，会谈情况就不一样了。虽然家里四个人都来参加会谈的情况不多见，但是你确实需要做到同时与几个人谈话都能游刃有余，因为有可能学生的爸爸妈妈，甚至姥姥都来了。

☆ 请高度重视文化差异

☆ 请确保你的问题和回答与在场的每个人都有关系，让与会者都有机会说话

☆ 千万别让哪位家长一个人在会谈中滔滔不绝，从头到尾独占谈话

时间。

通过聆听各位家长对待事情的不同方式，你能从中发现一些非常有趣的想法。比如，有时妈妈对孩子言行的理解和看法与爸爸的不一致。在你的帮助下，家长们就能意识到他们给自己的孩子传递了混杂不清的信息。

我不赞成让孩子也出现在家长见面会上。他们在场会分散家长和老师的注意力，并且这些谈话内容也不应该让他们听到。请尽量安排其他老师在附近的房间里照看小朋友们。

问问自己

☆ 我是否针对所有在场的家长提问，让大家都有话可说，而不是让其中一位唱主角，说个不停？

☆ 我是否安排了其他老师在别的教室里照看小朋友们，好让家长们专注地参与会谈？

☆ 如果是在幼儿园的教室里进行会谈，我是否为家长们准备了适合大人坐的椅子呢？

77

回答问题之前，请先整理思路

 道具

许多年前，我看过一次对埃及总统安瓦尔·萨达（Anwar Sadat）的采访。他当时坐在一张很松软的扶手椅上，显得很轻松。访谈期间，他特地

停下来掏出自己的烟斗，往里面塞进烟草，悠然自得地抽起烟来。抽了几口之后，他又投入访谈中。直到后来我才明白是怎么回事。萨达总统当时的动作那么连贯，我真怀疑好多人都会觉得有些蹊跷。他的烟斗是"算好了时间出场的"。只要采访他的记者提出一个总统先生事先没有准备好的问题——一个他得花点儿时间思考和整理思路的问题——他就开始摆弄烟斗。多么机智啊！从表面上看，他并没有在接受采访时说话结结巴巴，或是被问得措手不及，只是因为要抽烟才中途停顿片刻。依我看，他每次停下来吸一口烟实际上是在为自己争取一点时间来思考一个猝不及防的问题。

小贴士

当然，我并不是要你也开始用烟斗。然而，如果你手上摆弄一杯咖啡、一杯柠檬汁，或是吃些小点心，能帮你解决不少问题。退一步说，这些"道具"也能向家长显示出你的友好，让人感到很惬意。切忌十分紧张

仓促地回答棘手的问题。当你遇到需要多考虑片刻再回答的问题时，你就可以借助这些"道具"来争取思考的时间。

啰唆一句：你的饮料或小吃之类的应该请在座的每一位家长都品尝品尝。我个人觉得小吃可以提供胡萝卜条、椒盐卷饼、葡萄或面片等。要是吃甜面包圈或是巧克力的话，你恐怕又要担心身上多长的 5 磅肉了。

问问自己

☆ 我有没有为家长见面会营造一种表示热烈欢迎的气氛呢？

☆ 当被问到事先并没准备的问题时，我有没有先停顿片刻，想好了再回答呢？

78
为每个小朋友都制订一套计划

 接下来会怎样？

我至今还记得自己第一次以家长的身份去参加家长见面会的情景。当时我儿子上的是一个 3 岁幼儿班，每天只上半天学。他的老师很喜欢他。她对我说我儿子很聪明，很听话，与其他小朋友相处得很融洽，她很高兴有这样的学生。当然，我为她给予儿子的评价乐得合不拢嘴。

开车回家的一路上，我也一直是兴高采烈的，但总觉得像是遗忘了什么似的。听别人夸自己的儿子有多棒当然很开心，只是我不知道接下来会出现什么情况。

 小贴士

仅仅告诉父母他们的孩子表现得很好、很受老师和同学喜欢，是不够的。应该为每个小朋友都制订一套将来要实现什么目标的计划。比如，你可以对家长说"你的孩子在数学方面表现出一定的兴趣，我们打算进一步培养他这方面的能力……"。

所有家长都有权知道你为他们的孩子制订的计划。

你对全班和各个小朋友制定的计划应该以你仔细的观察和严谨的判断为依据。只有通过定期观察和判断，你才能为每一个孩子创造出适合他的学习环境。

问问自己

☆ 我有没有和每个小朋友的家长交谈过为他们的孩子制订的培养计划呢?

☆ 对幼儿的观察和评价是不是我每天必做的事情呢?

79

提开放式的问题，让家长畅所欲言

是你说的，不是我

　　马修和别的小朋友都处不好，他只知道怎么给别人一拳——说好听点儿，就是个急性子。我一直都想在家长见面会上和他父母好好谈谈，但又不知道该怎么跟他们说才不至于冒犯他们。我决定用提问的方式来讨论他的问题。我问马修的母亲："马修在家里和谁一起玩呢？他在朋友和亲戚家里又和谁玩呢？"她一听，一脸沮丧，说马修和他的表亲们确实不怎么合得来，常常争执打架。我称赞她观察得很仔细，并说道："你知道吗，我发现他在学校也有同样的问题。"

小贴士

　　由于我巧妙而谨慎地提问，马修的母亲才心平气和地说出问题；也正是由于我采用了这一方式，她才没有认为我是在批评指责她的儿子，自然也就没有生气。其实，我和她的看法不谋而合。既然如此，我们就可以共同商量一些办法，帮助马修在家里和学校都能控制自己的脾气。

问问自己

　　☆ 我是否通过开放式的提问和家长讨论小孩的问题，而不是只告诉他们我在学校发现的问题呢？

六
「我们能聊聊吗？」

173

80
讲具体事件，让谈话顺利进行

第二个方案

和伊丽莎白的母亲会谈时，我一连提了好几个问题，可她都没有顺势说出自己女儿的行为问题。于是，我决定采用第二个方案。虽然我一直都觉得由学生家长先指出孩子的问题比较好，但是这种办法也并非总能奏效。

我告诉她昨天下午自由活动时，伊丽莎白原本是一个人静静地玩"过家家"，另一个小朋友走进她那个"小家"，拾起一些玩具餐盘就在"餐桌"上摆好，像是饭前准备一样。伊丽莎白见状，大叫着把他推出了"小家"，不让他在那里玩。

小贴士

如果你希望和家长谈谈某个话题或你对他们孩子的关心，你最好向家长讲一件你亲眼所见的小事，作为双方谈话的事实依据。请一定要详细描述事情的经过，但是不要加入个人评论。这样你可以避免惹怒家长。和家长们通过具体事件来谈论小孩的行为要比用笼统的一般性评价容易得多。大多数父母都明白：如果他们的孩子出现什么不好的情况，他们会欣然接受那些他们认为是帮助自己的人所提出的建议，而不是那些听起来像是责备、批评孩子的人所提出来的建议。

♟ 问问自己

☆ 为了让交谈进行得顺利，我有没有给家长们讲自己亲眼观察到的具
体事件？

☆ 我是否只讲事实不作评价，避免让家长们生气？

81
提供一件孩子的"杰作"

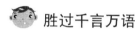 胜过千言万语

许多老师在家长见面会上都会费尽心思、绞尽脑汁地向家长们描述他们的孩子学习进步的情况。他们也许只能使用一些含糊的语句,如"你的孩子表现得棒极了"、"你的孩子需要进一步的培养",或是"你的孩子已经超出了一般水平"等。

🌑 小贴士

如果你是在讲操控小物件和注意力集中的问题,你不妨向家长展示一下学生的"作品",借此证明自己的观点。请尽量在一学年的课程中多安排一些需要学生剪、粘或者临摹绘画的手工课,这样家长们更容易看到孩子的进步和提高。如果觉得对比更能彰显成绩,那就把前几年的学生作品(但是不能写上学生的名字)拿出来作对比。用未署名的作品是为了避免家长们将学生甲与学生乙进行比较,从而滋生是非。

如果班上有相机,你可以把与学生有关的事物照下来,如他们堆的积木、表演戏剧的场景,或是其他能向家长说明问题的事物,这些照片都可以充当家长见面会上的展示品。俗话说,"一张照片胜过千言万语"。

❓ 问问自己

☆ 我有没有把学生的作品收集起来,在家长见面会上给家长们看呢?

82

问问家长，孩子不在学校时做些什么

有点好管闲事

贾迈勒 4 岁，是我教的下午班上的学生。他总是开开心心、兴高采烈的，但是时不时地也会显得有些疲倦，或是容易乱发脾气。每当这时，他在幼儿园里就过得很不开心。后来，我发现他每隔一段时间就会出现这样的情况。我开始将他的这种情况记下来。很快，我发现他通常是在星期三这天出现反常。我认真地想究竟学校每周三有什么异常情况，却想不出个所以然，最后觉得只能从其他地方去寻找原因。

我安排了一次和贾迈勒母亲的谈话。见面时，我问她贾迈勒来幼儿园之前一般会做些什么。她告诉我说，早上都是由一个保姆来照看他，而且儿子很喜欢这个保姆。我又问是不是每天早上都如此，结果却不是——每周三的早上，贾迈勒都是去邻居家玩。我刚一提到孩子行为上的异常，她马上就明白了问题的症结在哪儿——原来孩子整个上午都在邻居家玩，玩得太累，所以才不想上幼儿园。

小贴士

我也是在做了几年家长见面会的工作以后才有足够的信心和勇气（也可以说是受了足够的打击），向家长询问一些有关他们的家庭和学生不在学校时的情况。如果我们只关注学生在幼儿园里那几个小时的情况，那我

们就不可能真正了解他们。

表示关心和好管闲事之间只有一线之隔，老师一定要注意别干涉他人的隐私。我个人认为有几个措辞严谨又不伤人的问题有助于让我们更好地了解学生。待你向家长说清楚你的意图之后，可以提出以下问题：

☆ 你的孩子在上床睡觉之前一般会做些什么？

☆ 他一般是什么时间睡觉？

☆ 他吃饭的情况怎么样？

☆ 他通常和谁一起玩呢？

☆ 他喜欢玩些什么呢？

☆ 他一般看多久的电视？

☆ 你请保姆帮你照看孩子吗？保姆什么时候来？多久来一次？

☆ 你们家和孩子的爷爷奶奶以及其他亲戚朋友来往密切吗？

显然，你所提的问题应该根据你想了解孩子的哪方面情况而选择性地增加或删减，这样才能有助于解决可能出现的问题。

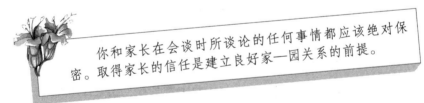
你和家长在会谈时所谈论的任何事情都应该绝对保密。取得家长的信任是建立良好家—园关系的前提。

问问自己

☆ 我有没有邀请家长一起来聊一聊有关学生日常活动、玩伴和家庭生活的事情呢？

☆ 我是否对自己和家长的谈话严格保密呢？

83

约见家长前先明确自己要谈的内容

僵住了

耶尔本来一直都是很乖很安静的，可是最近却有些不安分了，眼泪和故意使出的拳头都成了家常便饭。我真想和她的父母谈谈，看究竟是什么事情让她这样一反常态，可惜那时是三月，一般要再过两个月才有家长见面会。

一天，我趁耶尔的母亲送孩子来幼儿园，向她提出我们能否在近期单独面谈一次。她马上变得不安起来，开始连珠炮似的问我："出什么问题了？耶尔在幼儿园不乖吗？她学东西有困难吗？她和其他小朋友处不好吗？"见她那么紧张，我觉得会谈的事不能再往后拖了，应该说那一刻就已经开始了，而我自己却陷入了困境——我还没想清楚该怎么和她谈呢。当时我和她站在教室里，其他小朋友和他们的家长也陆陆续续地到了。在那样的情况下，我还得绞尽脑汁去思考如何与一位急躁不安的母亲进行严肃认真的谈话。很明显，我原本可以把这件事处理得更妥善些的。

小贴士

在个别情况下，如果老师觉得有必要，就可以额外安排一些和家长的会谈——不论是谈好事情还是坏事情。（家长见面会只谈好事？这真是个新奇的想法。不说这么多了，说说现在急需解决的问题。）当你提出和家

长谈话时，可以说一些比较委婉的话以消除家长的担忧。比如"耶尔最近好像显得有些厌倦了，倒不是很严重，只是从入秋以来就有点儿迹象了"。

绝大部分家长都非常关心自己的孩子，只要一提出和他们单独谈话，他们马上就会紧张起来，浮想联翩。记得以前我儿子的老师要求和我面谈时，我马上就开始怀疑是不是我儿子做错了什么。你可以说一些令家长欣慰的话，避免他们胡乱猜测，以便静下心来想想他们自己要谈些什么。这样的谈话才对家长和老师都有意义。想想我们曾经有多少次家长见面会时该说的没说，而过后又后悔的。

请事先做好准备，以防家长不能等到一两天以后再面谈。在谈话的前十天就通知家长——哪怕不能从心理上减轻他们的压力，也可以让他们事先安排好自己的时间。一旦你提出了要谈的话题，你就应该表现出非常乐意和家长讨论。切记：是你掌握着时间安排，所以没有充分准备时就不要进行单独谈话。

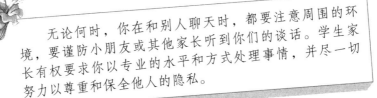

无论何时，你在和别人聊天时，都要注意周围的环境，要谨防小朋友或其他家长听到你们的谈话。学生家长有权要求你以专业的水平和方式处理事情，并尽一切努力以尊重和保全他人的隐私。

问问自己

☆ 我是否做了充分准备之后再向学生家长提出要和他们单独谈话呢？

☆ 我是否尽量将自己的时间安排好，以便尽早与家长谈话呢？

☆ 当学生家长要求与我谈话时，我是否能满足他们的要求呢？

☆ 我是否尊重每个人的隐私权，避免在公共场合谈论学生和他们的家长呢？

84

会谈前多花点时间做铺垫

 扔给他们一个救生工具

我曾经历过一次非常严肃的家长见面会——严肃到你肯定会祈祷永远不要碰到这样的谈话。乔治是一个长得非常英俊的小男孩，他的爸爸妈妈也极其友善。能结识他们一家，我非常高兴。但是，我十分担忧乔治的个人成长问题。

我的担忧并不是突然向他的父母提及，早在几个月以前，我就开始一点一点旁敲侧击地向他们讲述自己的疑惑和观察到的情况，希望能让他们心理上有所准备。但是，我绝没有冒犯他们。你也清楚，小孩子有时会有些特殊需求。如果你立即就向他的父母汇报，也许会被家长们看成是一种偏见，他们甚至会对老师说："你就是不喜欢我的孩子嘛！"因此，只有在你已经观察这个孩子数月，同时又和他的家长建立了相互信任之后，你才可以向家长提出问题。

家长们在听我述说时，他们也曾掉过眼泪。我尽量试着让自己善解人意，不让他们觉得是在接受批评。之后，我还递给他们一张卡片，上面有一些能给予他们帮助的专业人士的姓名和电话号码。

 小贴士

作为一名教师，你不得不告诉家长你对他们的孩子成长中存在的问题

六

『我们能聊聊吗？』

担心。但是，请一定不要太莽撞，务必小心谨慎，考虑周全后再让家长知道孩子的问题。千万别小看了你所做的事情，这对任何一位家长而言都是很痛苦的，非常打击人的。你不得不说的话也许会把别人的家搅得天翻地覆。一定要在你和专业人士交谈、讨论了你的问题，请他们来察看了实情，并证实了你的看法之后再跟家长说。

在谈话结束后的一两个星期，请一定要和学生家长联系，看看小孩是否有进步，他们是否还需要其他帮助。

> 你的工作并不止于向家长说出你发现的问题，关键的一步是你必须给他们一些建议和专业指导。如果只是告知幼儿的问题，无异于将他们从船上扔进汪洋大海。你还必须给他们一个救生圈——能给予他们帮助的专业人士和机构。

问问自己

☆ 我是不是先用一段足够长的时间循序渐进地提醒家长之后，再和他们进行正式交谈呢？

☆ 我有没有请专业人士来帮忙呢？

☆ 我有没有向学生家长提供有效资源，从而让他们得到援助呢？

☆ 我有没有在一段时间之后再次询问家长他们孩子进步的情况呢？

85

必要时鼓励家长带孩子接受检查或看专家

儿科医生

我和乔治父母谈话结束后的第三周，他的母亲来找我。她满脸笑容，告诉我说自己已经能正确地面对儿子的问题了，并且现在觉得好多了。她最后一次带儿子去看儿科大夫时，她还问大夫对儿子的看法。我真希望那位儿科大夫能拍拍乔治的头（甚至也拍拍他母亲）说："他已经没问题了。"这样就可以省去我精心安排的一切工作。

小贴士

我觉得儿科医生真了不起。他们长时间那么辛苦地工作，要处理各式各样大大小小的难题。请考虑一下他们平时工作时的场景：一个正发着高烧的小孩子被放在医生的诊疗台上，也许还露出部分身体，四周围着孩子的妈妈、护士（可能还举着一根针管），外加一名医生。这样的情景和我们日常生活中的完全不一样。虽然儿科医生对儿童的问题懂得很多，但他们几乎无法观察到儿童注意力集中的时长、自控能力和在日常生活中参与社交活动的情况。

如果你和孩子的父母谈论某个问题，请建议他们带自己的孩子去接受检查或是咨询专业人士。要向家长解释清楚，儿科大夫可能并不是能给他们提供建议的最好人选——因为他们缺乏针对幼儿教育的专业培训，而且

他们很少有机会能仔细观察幼儿的言行举止。然而，如果孩子的父母已经接受了有必要接受帮助的观点，那么请儿科大夫来指点一下也不失为一个好办法。

问问自己

☆ 当幼儿出现问题时，我是否鼓励家长带孩子去看专业人士或是接受检查呢？

86

避免妄下结论

🧒 不给孩子贴标签

我很为扎迦利担心。他不仅说话的能力比他这个年龄应有的水平低，还有些注意力不集中。我猜想也许是他有些听力障碍方面的问题，影响了他说话的能力。因为听力不好会直接导致发声困难，而听不见又可能被误解成理解能力差或者没集中注意力。尽管我对自己的猜测很有把握，但我还是没有私自认定扎迦利就是听觉不灵敏。

在和扎迦利父母的见面会上，他的父母亲想知道究竟是哪儿出了问题。他们问道："扎迦利是不是得了多动症？是不是他智力低下？还是他听觉方面有问题？"其实我也不确定是什么原因。更重要的是，我并没有接受过专业的儿科培训，也没有任何资格谈儿科医学方面的问题。我所能做的就是建议他们带扎迦利去仔细检查一下。

✺ 小贴士

教师通常都能看出哪个小朋友出现了异常情况，至于具体是什么原因就不是大多数教师力所能及的了。

请注意：当孩子的父母迫切追问出现问题的原因时，不要因此就对孩子妄下结论。

虽然我们有义务告诉家长他们的孩子有不正常的地方，但是过犹不

及。建议家长带他们的孩子去检查才是帮助孩子的正确之道。

请尽量对所有小朋友都进行听力和视力检查。

不要让你的不足影响了你的长项。

——约翰·伍登（John Wooden）

问问自己

☆ 我有没有注意避免妄下结论呢？

☆ 我有没有告诉孩子的父母，因为我并没有接受过儿科专业的培训，所以没有资格给他们的孩子诊断？

87

对家长不愉快的反应要有心理准备

否认通常是第一步

当人们得知一个坏消息时，他们本能的反应都是否认。比如，当听到医生宣布自己患了癌症这个可怕的消息时，病人最典型的反应就是："一定是弄错了吧，我们再查一次。"经过一段时间的多次检查后，病人才开始接受医生的诊断结果。也只有这个时候他们才愿意接受治疗。

我不相信会有人在听到这样的噩耗以后还给医生一个拥抱，对医生说："谢谢你告诉我这些。现在我已经掌握了自己的情况，我可以尽快把一切安排好。"比较可能的情况是：病人会变得六神无主，十分生气，心想可能是弄错了，甚至还埋怨医生怎么没有早点儿查出来。

小贴士

当听到什么不好的消息时，家长们就会变得心烦意乱。老师一定要对可能遇到的，又不得不接受的类似消极反应有充分的心理准备。

常见的情况是生气的家长把他们的孩子从你的幼儿园转走，还说："你们从一开始就不喜欢我的孩子，也不喜欢我。在你们看来，每个人都有问题。你们的老师不称职，又懒，根本不知道自己应该做些什么。"

许多老师认为尽快把事情平息了比较容易，于是他们会尽力劝说家长理智地处理事情，会跟家长说："这学年马上就要结束了，过不了几个月

六

『我们能聊聊吗？』

就会有新的老师。何必在这个时候冒险让你的孩子转学呢？虽然要你改变主意很难，但是既然是为了孩子好，你也没有别的选择了。"

诚然，家长们也许会不同意你的看法，也许会执意要让他们的孩子转学，甚至还对你以及其他教职人员恶语中伤，但是你可以聊以自慰地想自己毕竟是为了孩子的将来好。等到另一位关心幼儿的教师也很负责任地提醒家长注意孩子的问题时，这些家长难道还能再次推卸责任吗？他们能有几次这样转学的机会？这样的结果，可能会让你不愉快，但是你却能帮那些后来教孩子的老师稍微轻松一些，他们能更容易地得到家长的信任，并且着手采取措施来解决孩子的问题。

不要等着学生家长来向你表示感谢——这样的要求未免太高了。你的心满意足必须来自工作本身。

在正确的时间做正确的事情。

——马丁·路德·金（Martin Luther King. Jr）

问问自己

☆ 我有没有给家长们提一些对他们的孩子有益的建议，哪怕是我的建议可能会引起家长的反感？

88

家长见面会上的巧办法

 如何结束谈话呢？

我刚任教的那几年，有时很难结束和家长的谈话。有的家长总是没完没了地说话。我们一开始会详细聊聊孩子，接着就转向了其他话题。我还记得我们谈话内容的点点滴滴：从天气说到饮食，甚至还谈到当时的政治局势（我在华盛顿工作那几年的时局）。这样冗长无聊的谈话打乱了我原来的计划，导致我接下来的家长见面会几乎总是要往后延。

后来，我得出的结论是家长们并不是无礼，也不是在我有更多的话要说时故意打断我，他们仅仅是海阔天空地闲聊。我逐渐意识到老师应该向家长示意，使他们明白会谈结束了。

 小贴士

老师应对家长见面会应该有自己的巧办法或者计划。我习惯于将这个计划分为开始、中间和结束三部分。作为老师，谈话的进度该由你来掌控。刚开始的时候，你可以说一些肯定孩子的话，然后问比较笼统的问题（不是带有威胁性的），如"菲利浦喜欢和谁一起玩呢"，或者"菲利浦在家里会谈论哪些小朋友呢"。

对于这些问题的回答可能是很吸引人的。家长们并不是都能提到你期待他们说出的名字。这样的问题向家长们暗示，你希望从他们那里得到一

六

我们能聊聊吗？

189

些关于孩子的信息，并且你还鼓励他们多说。

有的家长可能还想说说他们家里的其他孩子。虽然这样的交谈会是讨人喜欢的，但是我一般都婉言拒绝。为避免让家长觉得我很无礼，我会告诉他们我不习惯谈论自己从没见过的孩子或是自己不熟悉的环境。就像你不希望某个并不了解你的小学老师对你妄加猜测一样，你也不应该想当然地评论别人。这是职业道德，通俗地讲，叫少管闲事。

> 如果在家长见面会上，只有其中一方不停地说，而另一方不发言，那么这样的会谈是不成功的。成功的会谈应该是双方共同探讨。

会谈的中间主要是谈论家长感兴趣的、教师的观察以及教师对孩子未来的规划。要让家长感觉到你为接下来的几个月做好了计划。尽量以积极肯定的方式结束会谈。

那么你该如何结束谈话呢？我发现肢体语言能帮上忙。请记住：家长们并不是要对你无礼或故意打断你，你必须向他们示意你已经把想要说的都说完了。我通常是在最后一次问了家长们是否还有什么要说之后便故意做一些暗示性的小动作。当我确定双方都已经交流完了，我就会做以下某个动作：

☆ 在椅子上前后左右地轻晃

☆ 身体往前探，像是要起身一样

☆ 合上书本

☆ 把文件翻到下一页

☆ 收拾自己的资料

☆ 伸出手与家长握手

☆ 站起身

　　我还想再和你分享一件有关这方面的事。我曾经教过一个名叫韦恩的问题男生。我用半个小时绞尽脑汁想让他母亲开口说话，一起讨论关于韦恩的事，但是毫无结果。会谈就这样结束了。我俩站起身，她的一只手已经搭在门把手上了。我想你肯定以为就这样结束了，可就在那一刹那，她转过身来望着我，突然大哭起来。最后，她终于敞开心扉和我谈起来。这是我曾有过的最成功的一次家长见面会。我们就站在门边真诚地谈了半个小时（我当时生怕自己动一下就会影响谈话）。

别人还没说完呢！我们必须一直都认真倾听。

问问自己

☆ 我是否有家长见面会的巧办法？

☆ 我是否帮助家长们紧紧围绕孩子的问题进行会谈？

☆ 我是否以委婉的方式结束会谈？

☆ 我是不是在双方都说完自己想要说的内容之后才结束会谈？

六

「我们能聊聊吗？」

不妨试试

● 请确保家长们在等着召开家长见面会时有椅子坐。另外，你还可以为他们提供以下方便：

☆ 播放有关幼儿成长或家教的录像

☆ 播放有关幼儿园课堂情况的录像

☆ 准备一本有关小朋友们参加班级活动的相册

☆ 准备一些有关幼儿早期教育的书刊和家教的杂志

● 建一个资料库，专门从报刊上收集一些能引起家长兴趣的文章。例如，如何培养幼儿的读写能力，玩耍的重要性，兄弟姐妹之间的竞争，晚上睡觉前的习惯，以及幼儿营养等。你可以在家长会结束以后让家长们看看这些文章。让某位专业人士来讨论这些问题会让你的观点更有说服力，也不会让家长们觉得冒昧。并且，家长们还会因为能带些有益的读物回家而十分感激。

● 家长见面会以后给家长们打电话，这样你既可以了解小朋友是否有进步，还可以重新审视一下你之前提出的那些建议和策略是否合理。

附　录

创建自己的提高计划

我认为确保你在自己的职业生涯中一直进步和提高的最好方法就是不断地尝试新事物，以及提高诚实客观地评价自己工作的能力。对于那些你觉得自己可以做得更好的方面，请你再把书中的相关章节读一读，然后创建自己的提高计划。我强烈建议你慢慢来，不要操之过急，切不可走马观花似的只是把全书浏览一遍。你要做的事情是努力使自己掌握一些新技能；在某些情况下，也许只是改变一下你的观点和看法。这个过程需要一定的时间与坚持不懈的努力。

随着你分析自己工作的能力不断提高——当然，要提高不是那么容易的事情——你会逐渐具备一种强有力的自我完善的工具。当你在做自我评价时，切记不要光看遇到的问题或不顺，还要看到发展顺利的情况。务必在表格上把当时的日期记好，以便为将来提供参考。我建议你每年都做这样的自我评估，因为你肯定是在改变和进步的。

如果你刚开始这样做的效果并没有你所期望的那么好，请不要就此泄气。重要的是你一直在设法真正了解自己，提高自己作为教师的职业技能。

不试一试，怎么知道自己有多大的潜力呢？

——西鲁斯（Publilius Syrus）

提高计划

日期：_____

问问自己：_____

_____

自我提高计划：_____

_____

_____

我最初的观察结果（评价幼儿的反应）：

_____

_____

我第二次的观察结果：

_____

_____

反思：

根据我的观察结果，该计划的哪些部分实施的效果较好？

_____

_____

我将来该如何修改呢？

_____

_____

我还会尝试哪些意见和策略呢？

_____

_____

图书在版编目（CIP）数据

幼儿教师 88 个成功的教育细节/（美）科特曼著；
李旭晴译.—上海：华东师范大学出版社，2009. 11
　ISBN 978 - 7 - 5617 - 7313 - 0

Ⅰ.①幼...　Ⅱ.①科...　②李...　Ⅲ.①学前教育—
教学参考资料　Ⅳ.①G613

中国版本图书馆 CIP 数据核字（2009）第 199599 号

大夏书系·幼儿教育

幼儿教师 88 个成功的教育细节

著　　者	格温·斯奈德·科特曼
译　　者	李旭晴
项目编辑	任红瑚　杨　霞
封面设计	大象设计
责任印制	殷艳红

出版发行　华东师范大学出版社
社　　址　上海市中山北路 3663 号　邮编 200062
电话总机　021 – 62450163
传　　真　021 – 62572105
网　　址　www. ecnupress. com. cn

印　刷　者　北京密兴印刷有限公司
开　　本　700×1000　16 开
印　　张　13
字　　数　120 千字
版　　次　2010 年 1 月第一版
印　　次　2023 年 6 月第二十次
印　　数　65 001–66 000
书　　号　ISBN 978 - 7 - 5617 - 7313 - 0/G · 4219
定　　价　39. 80 元

出 版 人　朱杰人

（如发现本版图书有印订质量问题，请寄回本社市场部调换或电话 021 – 62865537 联系）